我国青少年体质健康促进模型构建与运动干预研究

曲鲁平 ◎ 著

人民体育出版社

图书在版编目（CIP）数据

我国青少年体质健康促进模型构建与运动干预研究 / 曲鲁平著. --北京：人民体育出版社，2021
ISBN 978-7-5009-5942-7

Ⅰ.①我… Ⅱ.①曲… Ⅲ.①青少年－体质－健康教育－研究－中国 Ⅳ.①G479

中国版本图书馆 CIP 数据核字（2021）第 000165 号

＊

人 民 体 育 出 版 社 出 版 发 行
北京中献拓方科技发展有限公司印刷
新 华 书 店 经 销

＊

710×1000 16 开本 10 印张 177 千字
2021 年 6 月第 1 版 2021 年 6 月第 1 次印刷

＊

ISBN 978-7-5009-5942-7
定价：45.00 元

社址：北京市东城区体育馆路 8 号（天坛公园东门）
电话：67151482（发行部） 邮编：100061
传真：67151483 邮购：67118491
网址：www.sportspublish.cn

（购买本社图书，如遇有缺损页可与邮购部联系）

前言 FOREWORD

中共中央、国务院印发的《"健康中国2030"规划纲要》明确指出，健康是促进人的全面发展的必然要求，是民族昌盛和国家富强的重要标志。青少年作为国家的未来和民族的希望，其健康促进是实施健康中国战略的重要内容。在我国，党和政府高度重视青少年体质健康问题，采取了一系列改善学生体质的措施，使我国青少年体质健康连年滑坡问题得到缓解。但由于缺少对青少年体质健康科学的全方位的认识，尚不能从生物、社会和心理等因素系统全面地促进青少年体质健康，致使我国青少年体质健康连年滑坡问题始终未能从根本上得到解决，桎梏着健康中国、体育强国的进程。

本研究运用专家访谈法、调查测量法、干预实验法和数理统计法，从生物、社会和心理等核心要素入手，全方位系统构建我国青少年体质健康促进模型，依据模型设计健康促进干预方案，并进行16周的健康促进干预实验。本研究不仅旨在丰富体质健康促进的理论，为青少年体质健康促进提供理论指导，同时探索可操作的青少年体质健康促进运动干预方案，为提高我国青少年的体质健康水平提供参考。

首先，在提出问题的基础上，运用健康学、体质学、体育学、生态学、社会学等多学科相关理论界定青少年体质健康促进的相关概念和内涵，为确定青少年体质健康促进模型的基本要素模块奠定理论依据。其次，通过问卷调查，探讨青少年体质健康促进模型的基本要素，以及各要素之间的关系；根据模型构建程序、理论与方法，运用Amos建模工具构建青少年体质健康促进理论模型。最后，依据理论模型，设计青少年学生体质健康促进活动干预方案，选取受试者进行健康促进的实证研究。运用所得数据和进一步的理论分析，验证我国青少年体质健康促进模型的有效性，及干预方案的针对性和可操作性。

本研究的出版得到天津市"131"创新型人才工程第二层次人选项目和天津市高校中青年骨干创新人才项目资助。

青少年体质健康促进是一个长期的系统工程。本研究只是在前人研究基础上对某些问题进行了探究性研究，旨在抛砖引玉，让更多的专家、学者关注相关问题。鉴于作者水平有限，书中难免会出现许多不足，以及部分引用标注不够全面，恳请各位读者和专家批评雅正。

目录 CONTENTS

1 导论 ……………………………………………………………………… 001
1.1 选题依据 …………………………………………………………… 001
1.1.1 问题提出 …………………………………………………… 001
1.1.2 研究目的 …………………………………………………… 003
1.1.3 研究意义 …………………………………………………… 004
1.2 文献综述 …………………………………………………………… 004
1.2.1 关于健康促进理论的相关研究 …………………………… 004
1.2.2 关于国内外青少年体质健康的研究 ……………………… 008
1.2.3 关于青少年体质健康促进的研究 ………………………… 013
1.3 研究的主要内容 …………………………………………………… 019
1.4 研究对象、研究方法与技术路线 ………………………………… 019
1.4.1 研究对象 …………………………………………………… 019
1.4.2 研究方法 …………………………………………………… 019
1.4.3 技术路线 …………………………………………………… 021
1.5 研究的理论基础 …………………………………………………… 022
1.5.1 社会认知理论 ……………………………………………… 022
1.5.2 跨理论模型 ………………………………………………… 023
1.5.3 健康促进模型 ……………………………………………… 025
1.6 本章小结 …………………………………………………………… 027

2　青少年体质健康促进的理论探讨 ······ 029
2.1　健康促进和青少年体质健康促进的概念与内涵 ······ 029
2.1.1　健康促进的概念与内涵 ······ 029
2.1.2　青少年体质健康促进的概念与内涵 ······ 033
2.2　青少年体质健康促进的目标与要素 ······ 035
2.2.1　青少年体质健康促进的目标 ······ 035
2.2.2　青少年体质健康促进的要素 ······ 036
2.3　青少年体质健康促进的模式 ······ 040
2.3.1　学校层面 ······ 041
2.3.2　家庭层面 ······ 043
2.3.3　社区层面 ······ 043
2.4　青少年体质健康促进的机制 ······ 044
2.4.1　决策与奖励机制 ······ 044
2.4.2　管理与运行机制 ······ 045
2.4.3　服务与保障机制 ······ 045
2.4.4　监测与评价机制 ······ 046
2.5　本章小结 ······ 047

3　我国青少年体质健康促进模型的构建 ······ 048
3.1　研究目的、研究方法与模型构建的步骤 ······ 048
3.1.1　研究目的 ······ 048
3.1.2　研究方法 ······ 048
3.1.3　模型构建的步骤 ······ 049
3.2　研究结果 ······ 050
3.2.1　测量工具的语言等值性与测量等值性研究 ······ 050
3.2.2　青少年体质健康促进模型各变量的描述性分析 ······ 056
3.2.3　青少年体质健康促进模型各变量的相关关系 ······ 060
3.2.4　青少年体质健康促进模型的初步构建 ······ 068
3.2.5　青少年体质健康促进模型的结构方程模型检验 ······ 069

3.3 分析与讨论……083
   3.3.1 体育活动对体质健康的影响……083
   3.3.2 认知因素对体育活动和体质健康的影响……084
   3.3.3 人际影响对体育活动和体质健康的影响……086
3.4 本章小结……088

4 我国青少年体质健康促进的运动干预研究……090

4.1 研究目的……090
4.2 健康促进运动干预方案与设计……090
   4.2.1 干预对象……091
   4.2.2 干预时间……091
   4.2.3 干预内容与手段……092
   4.2.4 干预效果测试……094
   4.2.5 干预过程组织与实施……095
4.3 研究结果……096
   4.3.1 健康促进干预前干预组和对照组的基本情况……096
   4.3.2 健康促进干预后干预组和对照组各变量干预效果的统计分析……097
4.4 分析与讨论……120
   4.4.1 认知因素……120
   4.4.2 社会支持……121
   4.4.3 体育活动……122
   4.4.4 体质健康……123
4.5 本章小结……126

5 后 论……127

5.1 结论与建议……127
   5.1.1 结论……127
   5.1.2 建议……128

  5.2 研究的局限性 ……………………………………………………… 128
  5.3 研究展望 …………………………………………………………… 129

致　谢 ……………………………………………………………………… 131

附　录 ……………………………………………………………………… 134
  附录 1　青少年体质健康专家访谈提纲 …………………………… 134
  附录 2　青少年体质健康与体育活动情况调查问卷 ……………… 135
  附录 3　干预组和对照组体育课程教学进度安排 ………………… 143
  附录 4　干预组和对照组体育活动课内容安排 …………………… 145
  附录 5　部分体育游戏说明 ………………………………………… 147

参考文献 …………………………………………………………………… 149

导 论

1.1 选题依据

1.1.1 问题提出

青少年体质健康是国民体质的重要组成部分,全世界都非常关注该领域的研究和发展。在我国,党和政府都十分关注青少年的体质健康,如2006年12月20日教育部、国家体育总局印发《关于进一步加强学校体育工作,切实提高学生健康素质的意见》,并启动全国亿万学生的阳光体育运动;2007年颁布的《中共中央国务院关于加强青少年体育增强青少年体质的意见》,对于促进青少年学生体质健康起到了重要的作用。但是,由于我国中小学缺乏对青少年体质健康的科学认识,不能从生物、社会和心理等因素系统全面地促进青少年体质健康;在实际操作中,亦缺少理论指导和可操作性的活动方案,往往只重视某单一方面因素,从而大大降低了健康促进的有效性。研究显示,各国青少年体质状况出现了不同程度的滑坡[1][2][3],我国也不例外[4][5],该问题已成为困扰我国学校教育和社会发

---

[1] Dollman J, Olds T, Norton K, et al. The evolution of fitness and obesity in 10-11-year-old Australian school children: changes in distributional characteristics between 1985 and 1997 [J]. Pediatric Exercise Science, 1999 (11): 108-121.

[2] Stratton G, Canoy D, Boddy LM, et al. Cardiorespiratory fitness and body mass index of 9-11-year-old English children, a serial cross-sectional study from 1998 to 2004 [J]. International Journal of Obesity, 2007, 31 (7): 1172-1178.

[3] 中华人民共和国教育部. 2005年全国学生体质与健康调研结果公告 [J]. 保健医学研究与实践, 2007, 4 (1): 5-7.

[4] 陈至立. 切实加强学校体育工作 促进广大青少年全面健康成长:陈至立在全国学校体育工作会议上的讲话 [J]. 人民教育, 2007 (21): 2-5.

[5] 何志文,陈玮君. 对青少年学生体质健康状况下降的思考(之二)[J]. 体育科技文献通报, 2008, 16 (7): 3-5.

展的瓶颈,引起了全社会的高度关注并亟待解决。

体质即人体的质量,在其形成和发展过程中具有明显的个体差异性和阶段性,一般认为,体质是指在遗传性和获得性的基础上表现出来的人体形态结构、生理功能和心理因素的综合的相对稳定的特征,其影响因素是多方面的,其中,遗传、营养、体育锻炼这些方面起到重要的作用[①]。健康不仅是指没有疾病和不虚弱,还指身体、心理和社会适应的完好状态,其影响因素包括环境、生物学基础、生活方式和保健措施等[②];体质与健康是从不同侧面和范畴来解释人体状况的两个相互关联的概念,一般认为体质是健康的基础,健康是体质的目标,健康的范畴比体质的范畴更大,包含的面更广。可见,体质健康作为综合性概念,青少年体质健康问题亦是综合性问题,它涉及学校、家庭和社会多方面。因此,提高青少年体质健康水平应从不同的社会领域、视角和层面进行综合研究,针对薄弱环节,解决关键技术,对青少年实施有效的体质健康促进。

"健康促进"作为体质健康研究领域的专有名词,早在19世纪20年代就出现在相关科学研究文献中,被世界卫生组织(World Health Organization,WHO)定义为"促进人们维护和改善自身健康的全过程"。健康促进作为公共卫生领域的一种新观念、理念、策略和干预方法,已经被世界各地研究者认可,为人类的健康提供了理论和实践契机。健康促进模式在公共卫生和生物医学界被认为包含平衡膳食、科学运动、良好心理状态的具体内容。研究表明,目前青少年体质健康水平下降与现代化生活饮食结构发生改变、体力活动严重不足,以及环境因素造成生活行为模式改变有关。但也有研究表明,青少年体力活动不足与心血管疾病和血脂浓度的关系微弱,运动对健康的好处在于远期获益,直接效应并不明显[③④⑤],导致许多家长更关注青少年的学习而忽视体育锻炼,更没有接受科学运

[①] 谭平,肖福元,许东华,等. 儿童青少年体质健康综合评价研究述评[J]. 中国学校卫生,2001,22(1):59-60.

[②] 刘励. 儿童青少年体质健康的综合评价及影响因素研究[D]. 武汉:华中科技大学,2009:9-10.

[③] Ku C Y, Gower B A, Hunter C R, et al. Racial differences in insulin secretion and sensitivity in prepubertal children: role of physical fitness and physical activity[J]. Obesity Research, 2000, 8(7):506-515.

[④] Kimber C, Abercrombie E, Epping J N, et al. Elevating physical activity as a public health priority: creation of the national society of physical activity practitioners in public health[J]. Journal of Physical Activity and Health, 2009, 6(6):677-681.

[⑤] 邹志春,庄洁,陈佩杰. 国外青少年体质与健康促进研究动态[J]. 中国运动医学杂志,2010,29(4):485-489.

动对生长发育有良好的促进作用，以及体质健康对文化成绩具有提高的效果①等观点。从各国青少年体力活动促进模式不断变化可知其对于青少年健康促进的重要性与复杂性，青少年体质健康的体力活动指南虽经多次变更与发展，但由于缺乏必需的相关量化实证研究②③，还不能全面解决体质健康促进的所有问题。可见，青少年体质健康促进是既复杂又具体的系统工程。青少年体质健康促进是指针对青少年的身心特点，通过有计划、有组织地开展一系列活动，创造有利于青少年体质健康的环境，转变青少年的行为和生活方式，降低体质健康风险因素的水平，进而促进青少年体质健康，提高其生活质量的过程④⑤。那么，青少年体质健康促进包括哪些因素、因素与因素之间的关系如何、如何落实等问题亟待解决，而构建青少年体质健康促进模型能有效地解决上述问题。

因此，本研究试图从生物、社会和心理等核心要素入手，全方位系统地构建我国青少年体质健康促进模型，依据模型设计健康促进干预方案，并进行 16 周的干预实验。在理论上，丰富健康促进的理论研究，为青少年体质健康促进提供理论指导，为相关部门政策、方针的制定提供参考；在实践上，探索可操作的体质健康促进干预方案，直接服务于我国青少年体质健康促进的实践过程，切实提高我国青少年体质健康的整体水平。

1.1.2 研究目的

从生物、社会和心理等核心要素入手，全方位系统地构建我国青少年体质健康促进模型；依据模型设计青少年体质健康促进活动方案，验证模型的可操作性和有效性，并形成可操作的推广方案和具体方法，获得改善青少年体质健康的直

---

① Pei-an Liao, Hung-Hao Chang, Jiun-Hao Wang, et al. Physical fitness and academic performance: empirical evidence from the National Administrative Senior High School Student Data in Taiwan [J]. Health Education Research, 2013, 28 (3): 512-522.

② Slack M K. Interpreting current physical activity guidelines and incorporating them into practice for health promotion and disease prevention [J]. American Journal of Health System Pharmacy, 2006, 63 (17): 1647-1653.

③ 邹志春, 庄洁, 陈佩杰. 国外青少年体质与健康促进研究动态 [J]. 中国运动医学杂志, 2010, 29 (4): 485-489.

④ 霍兴彦, 林元华. 基于我国青少年体质健康促进的组织服务体系构建研究 [J]. 河北体育学院学报, 2012, 26 (4): 32-35.

⑤ 岳保柱. 构建我国青少年体质健康促进服务体系的若干思考 [J]. 西安体育学院学报, 2011, 28 (4): 453-457.

接效益和推广延伸的示范作用。

1.1.3 研究意义

第一，从生物学、心理学、社会学和体育学等多学科角度，界定和阐释青少年体质健康促进的概念和内涵，构建青少年体质健康促进模型，丰富健康促进的理论体系。

第二，本研究构建了青少年体质健康促进模型的方法和路径，并在干预实验获得量化数据的基础上，对模型进行验证和完善，可以为其他相关研究提供参考，如教师体质健康促进模型构建、公务员体质健康促进模型构建等。

第三，本研究设计的青少年体质健康促进干预方案对我国青少年体质健康和学校体育工作，特别是对青少年体质健康和"学校体育三年行动计划"的有效实施具有一定的推动作用，亦有利于推动我国青少年阳光体育运动的深入开展。

第四，本研究成果可以直接用于改善我国青少年体质健康的实践，为青少年提供科学健身的政策保证和体质健康的技术支持，切实提高我国青少年体质健康的整体水平。

1.2 文献综述

1.2.1 关于健康促进理论的相关研究

1.2.1.1 健康促进概念的相关研究

"健康促进"（Health Promotion）一词最早出现于20世纪20年代的公共卫生文献中[1]。1945年，医学史家Henry E. Sigerist首次对健康促进进行了全面的阐释[2]，他把医学定义为健康促进、疾病预防、疾病治疗和康复四个方面的功能。健康促进就是促使人们维护和提高自身健康的过程，是一切能促使行为和生活条件向有益于健康改变的教育与环境支持的综合体，并指出通过适宜的生活标准、

---

[1] 李金慧. 20世纪90年代以来美国健康促进政策分析 [D]. 北京：首都师范大学，2004：6.
[2] Terris M. Concepts of health promotion: dualities in public health theory [J]. Journal of Public Health Policy, 1992, 13 (3): 267-276.

良好的劳动条件、教育、物质文化及休闲方式来促进健康。关于健康促进的定义很多，目前比较公认的是1986年11月，在加拿大渥太华召开的第一届国际健康促进大会上发表的《渥太华宪章》中给出的定义：“健康促进是促使人们维护和改善他们自身健康的过程。”田本淳认为[①]，健康促进是指运用行政或组织手段，广泛动员和协调社会各相关部门及社区、家庭和个人，使其履行各自对健康的责任，共同维护和促进健康的一种社会行为和社会战略。郑频频和史慧静认为[②]，健康促进是增强人们对健康决定因素的控制能力，从而改善其健康的过程。谭思洁认为[③]，健康促进是以教育、组织、法律和经济等手段，干预对健康有害的生活方式、行为和环境，以促进健康。

1.2.1.2 健康促进模型的相关研究

关于健康促进模型的研究较多，不少学者从不同角度构建了健康促进模型。国外的研究主要有以下几个。

①Pender建立的健康促进模型（Health Promotion Model）[④][⑤]。该模型是1982年Pender建立的应用于护理和行为医学的健康促进模型，这一模型整合了护理和行为医学所形成的概念性架构，归纳出影响健康行为的因素。他认为，健康促进的动力机制是认知—感知，包括健康的重要性、感知对健康的控制、感知自我有效性、健康的定义、感知健康状态、感知健康促进行为的好处和感知健康促进行为的障碍七个要素，主张病人的健康促进生活方式取决于认知—感知因素和修正因素等。Pender的健康促进模型为健康促进行为的发展提供了理论基础，但主要运用在社会护理和医学康复等公共卫生领域，使其运用的对象具有一定的局限性。

[①]田本淳．健康教育与健康促进实用方法［M］．北京：北京大学医学出版社，2005：10.
[②]郑频频，史慧静．健康促进理论与实践［M］．上海：复旦大学出版社，2011：7.
[③]谭思洁．青少年运动健康促进导论［M］．北京：知识产权出版社，2012：11.
[④]Blais K K, Hayes J S, Kozier B, et al. Professional nursing practice: concepts and perspective［M］. 4th ed. New Jersey: Person Education, 2002: 111-122.
[⑤]林莉，孙仕舜，董德龙．学校体育对青少年体质健康促进的思考［J］．北京体育大学学报，2011，34（8）：71-74.

②Green 提出的 PRECEDE-PROCEED 模式①②。PRECEDE-PROCEED 模式是由不列颠哥伦比亚大学健康促进研究所主任劳伦斯·格林（Lawrence Green）提出的（图1.1）。该模式既强调了倾向因素、促成因素及强化因素在教育与组织诊断、行为与环境诊断和评估中的作用，也强调了实施教育和环境干预中采用政策、法规和组织手段的重要性。PRECEDE 阶段考虑了影响健康的多因素，以帮助规划制定者把这些因素作为重点干预的目标，主要包括社会诊断、流行病学诊断、行为与环境诊断、教育与组织诊断、管理与政策诊断5个阶段；PROCEED 阶段则考虑在计划执行与评估过程中运用政策、法规和组织的手段，主要包括实施过程评估、近期效果评估、中期效果评估和远期效果评估。该模式的1~5个阶段通过逐步地诊断分析，追溯产生健康问题和生活质量问题的根本原因，并制定有针对性的干预措施，以取得良好的健康教育效果。该模式对健康教育诊断、评估全过程均具有指导意义。

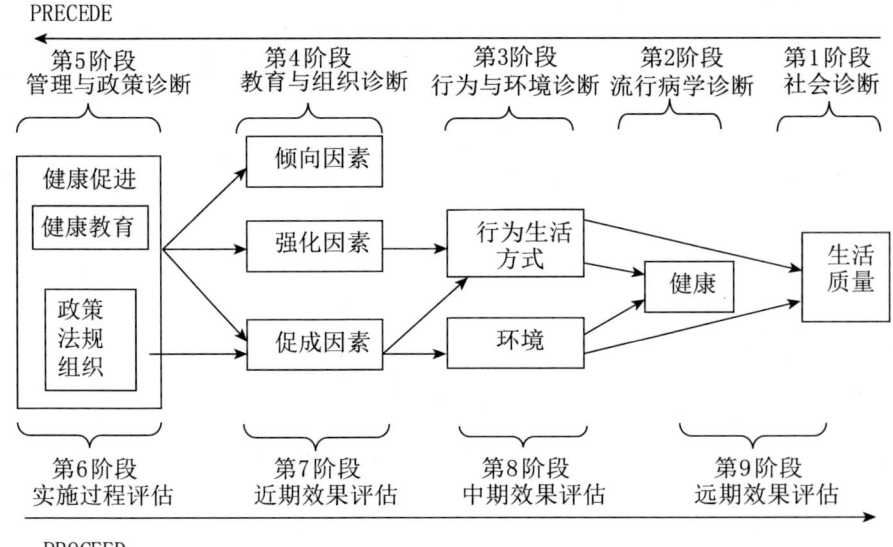

图1.1　PRECEDE-PROCEED 模式（引自 Green，1980）

---

①Green L W, Kreuter M W, Deeds S G, et al. Health education planning: a diagnostic approach [M]. Mountain View CA: Mayfield Publishing Company, 1980: 2-17.
②孙菲. 中英两国护士体力活动与体力活动健康促进的相关研究 [D]. 上海: 第二军医大学, 2012: 58-61.

③健康促进生态学模型[1]。Mcleroy、Bkbeau、Steckler 和 Glanz 于 1988 年提出了健康促进生态学模型,在这个模型中,影响人的行为有五个层次,由小到大依次为个体、人际和小组、组织和机构、社区、政策,该模型的最大优点是引入多水平因素来解释和探讨健康的相关行为。

④人群健康与健康促进的综合模型[2][3],由 Hamilton 等于 1996 年提出。该模型的正面表示影响人群健康的因素,即应当在哪些方面采取行动,如教育、个人的卫生习惯、健康的生长发育等;模型的侧面是健康促进的关键策略,即如何采取行动,包括加强社区行动、健康公共政策、创造支持环境、发展个人技能和调整健康服务方向;模型上面是采取行动的客体,即应当对谁采取行动,包括社会、部门系统、社区、家庭和个人。该模型形象地描述了人群健康与健康促进的综合策略,而这一切都是建立在循证研究与循证决策的基础上。

在国内,许多学者结合我国社会、经济、文化和教育等国情进行了相关研究,并总结出健康促进的相关理论,如知信行理论、计划行为理论、相关行为转变理论等。其中,知信行理论运用较为广泛,"知"是指健康知识的掌握,"信"是指正确健康的信念,"行"即行动、行为。知信行理论是指知信行融合统一的发展性健康促进策略以行为干涉理论为基础,强调健康促进首先是掌握健康保健的知识,建构正确信念和积极的健康观念,从而改变自己的行为,以养成健康的好习惯为目的的教育过程,简单地说就是"知识习得—信念确立—行为尝试—习惯形成"这样的过程[4]。另外,还有健康促进的五大策略,包括制定促进健康的公共政策、创造有利于健康的环境、强化社区行动、发展个体技能和调整卫生服务方向;健康行为生态学模型[5],主要解释环境和行为之间的相互作用关系,以便理解人的行为取向并能有效地促进其形成健康的行为,强调人的行为受多重环境的影响,影响人的行为有四个层次,由小到大依次为个体、人际、组织机构、社会因素。

这些健康促进模型在公共卫生和医学领域得到了很好的应用,为其他相关研

---

[1] Mcleroy K R, Bibeau D, Steckler A, et al. An ecological perspective on health promotion programs [J]. Health Education Quarterly, 1988, 15 (4): 351-377.

[2] 李红娟. 体力活动与健康促进 [M]. 北京: 北京体育大学出版社, 2012: 8-9.

[3] Hamilton N, Bhatti T. Population health promotion: an integrated model of population health and health promotion [J]. Health Promotion Development Division, 1996: 383-391.

[4] 甄志平, 邢文华. 知信行融合统一的发展性健康促进策略在学校体育教育中的应用研究 [J]. 西安体育学院学报, 2005, 22 (4): 94-97.

[5] 郑频频, 史慧静. 健康促进理论与实践 [M]. 2 版. 上海: 复旦大学出版社, 2011: 37-38.

究提供了理论基础。

1.2.1.3　健康促进应用的相关研究

世界卫生组织于 20 世纪 80 年代中期在学校健康教育基础上提出建立"健康促进学校"的观点，提倡"通过学校及学校所在社区成员的共同努力，提供能促进并保护学生健康的、全面的、积极的经验和组织机构，为学生创建安全和健康的学校环境，提供适当的健康服务"等。我国曾在部分地区进行"健康促进学校"的试点和推广，对健康促进工作有了重要的推动作用，但由于缺乏规范研究，健康促进方法的操作性不强，使健康促进流于形式，并未使学生的体质健康水平获得应有的收益。王茜①以健康促进模型为理论基础，通过 12 周的干预实验得出，健康促进模型的干预措施可以显著提高中年超重与肥胖者的身体活动量，不同的干预方式对身体活动的提升效果及其持续时间不同。

叶旨微②、洪静芳③、高嘉宁④、唐政⑤等的研究表明，健康促进理论在实践中的运用比较广泛，为青少年体质健康促进提供了研究视角。

1.2.2　关于国内外青少年体质健康的研究

1.2.2.1　青少年体质健康现状的相关研究

青少年是国家的未来和希望，其体质健康水平既是社会生产力的组成部分，也是未来综合国力的重要体现。关于青少年体质健康现状的研究较多，青少年体质健康问题已成为世界性问题，研究显示各国青少年体质状况出现了不同程度的滑坡⑥⑦⑧⑨。

---

①王茜．健康促进模型对中年超重与肥胖者身体活动影响的实证研究 [D]．河南：河南大学，2010：37-38．
②叶旨微．天津市城市社区健康教育与健康促进研究 [D]．天津：天津大学，2004：2．
③洪静芳．临床实习护士生健康促进生活方式及相关因素的研究 [D]．北京：北京协和医学院，2006：41．
④高嘉宁．健康促进生态学模型在工作场所控烟中的应用研究 [D]．上海：复旦大学，2010：85．
⑤唐政．三体联动健康促进模式的建立及效果评价 [D]．上海：复旦大学，2010：80-81．
⑥Dollman J, Olds T, Norton K, et al. The evolution of fit-ness and obesity in 10-11-year-old Australian school children: changes in distributional characteristics between 1985 and 1997 [J]. Pediatric Erercise Science, 1999 (11): 108-121.
⑦Stratton G, Canoy D, Boddy L M, et al. Cardiorespiratory fitness and body mass index of 9-11-year-old English children: a serial cross-sectional study from 1998 to 2004 [J]. International Journal of Obesity, 2007, 31 (7): 1172-1178.
⑧中华人民共和国教育部．2005 年全国学生体质与健康调研结果公告 [J]．保健医学研究与实践，2007，4 (1)：5-7．
⑨王勇．浅析国内外青少年体质健康的现状 [J]．科技信息，2010 (21)：739．

Ogden 等指出①，美国青少年体质健康问题在过去的20年里愈发突出，其中超重和肥胖成为美国青少年体质健康面临的最大问题。与20年前相比，美国6~11岁儿童的肥胖比例从1980年的6.5%上升到2006年的17.0%；12~19岁青少年的肥胖比例从1980年的5.0%增加到2006年的17.6%。

纵观我国青少年体质健康的境况，整体状况欠佳，自1985年，我国共进行了四次全国青少年体质健康调查，体质监测数据表明，尽管青少年的营养水平和生活水平不断提高，但青少年学生的部分体能素质指标近20年来持续下降，表现较为明显的是肺活量、速度、力量、耐力、爆发力等体能素质的持续下降；超肥胖学生的比例迅速增加，其中，城市男生中的超肥胖者占1/4；学生近视率居高不下，其中，初中生近视率为60%，高中生近视率为76%，大学生近视率高达83%②③。2005年与2000年相比，7~18岁汉族城市男生、城市女生、农村男生、农村女生的肺活量水平平均下降285毫升、303毫升、237毫升和259毫升；速度、爆发力、耐力素质水平进一步下降；同时，肥胖检测率继续上升；视力不良检测率居高不下，与2000年相比，各个年龄组的近视检测率均有所上升④。2010年全国学生体质与健康调研结果显示，大学生的身体素质继续呈现缓慢下降，爆发力、力量、耐力等身体素质水平进一步下降。

季成叶指出⑤，1995年群体中处于马丁6段以上的高身材者比1991年明显增多，达到特高身材（男≥185.0厘米，女≥172.0厘米）的比1991年增加约一倍。高身材青少年中近视和龋齿患病率较高，存在身体柔韧性差、肌耐力水平低和耐力跑成绩不如其他身高段的现象。结果表明，青少年体质、健康问题和身高之间是伴随关系，并非因果关系，高身材青少年并非意味着体质与健康状况有更高的优势。

梅建指出⑥，身体机能状况不容乐观，在1985—2000年的15年，城市男生、

---

① Ogden C L, Carroll M D, Flegal K M. High body mass index for age among US children and adolescents, 2003-2006 [J]. JAMA, 2008, 299 (20): 2401-2405.
② 陈至立. 切实加强学校体育工作促进广大青少年全面健康成长：陈至立在全国学校体育工作会议上的讲话 [J]. 人民教育, 2007 (21): 2-5.
③ 何志文, 陈玮君. 对青少年学生体质健康状况下降的思考（之二）[J]. 体育科技文献通报, 2008, 16 (7): 3-5.
④ 国家体育总局群体司. 2005年全国学生体质与健康调研结果 [EB/OL]. (2011-09-02) [2021-02-20]. http://www.sport.gov.cn/n4/n145/c328628/content.html.
⑤ 季成叶. 16~22岁高身材青少年体质与健康状况分析 [J]. 中国学校卫生, 1999, 20 (6): 407-409.
⑥ 梅建. 青少年儿童1985—2005年体质健康发展状况和对策研究 [J]. 中国青年研究, 2007 (11): 22-28.

农村男生、城市女生和农村女生的肺活量分别平均降低了 19 毫升、75.5 毫升、91.7 毫升和 154 毫升，在此持续下降的基础上，2000—2005 年的 5 年城市男生、农村男生、城市女生和农村女生平均又分别下降了 285 毫升、237 毫升、303 毫升和 259 毫升。

王玉霞指出[1]，我国青少年学生体质总体状况尚好，但问题依然突出，形态指标发育水平继续提高，发育速度加快；机能指标发育水平呈下降趋势，发育速度相对降低；中学生身体素质指标降低较多，增长较少，总体呈下滑趋势。

马铮指出[2]，根据 2005 年我国学生体质与健康调研报告和日本文部科学省《平成 17 年度（2005 年）体力及运动能力调查报告书》的数据表明，我国学生 50 米跑、握力和立定跳远成绩均落后于日本学生，日本学生体质健康状况也有下降趋势，但整体水平远高于我国。

姜志明和王保勇[3]通过对 1985—2010 年学生体质测试肺活量、超重、视力不良、身体素质指标进行纵向比较，发现学生的心肺功能以及身体素质历年来呈下降趋势，超重以及视力不良检出率逐年上升。他指出，与 1985 年相比，大、中、小学的学生身体素质 25 年来一直在下降。

何玲指出[4]，随着学段的升高，中国学生每周参加体育锻炼的达标率越来越低。2014 年中国国民体质监测数据显示，近 20.2% 的中学生日均看电视时间近一小时，导致青少年血压、血清胆固醇升高以及超重肥胖等现象。该研究认为两国青少年身体形态均呈增长趋势，肥胖检出率上升，肺活量下降以及青少年体力活动减少。

季钢等人[5]对北京市城区的初二以及高二在校生进行体质测评，发现北京市城区的青少年体质健康状况整体较好，较以往有很大改善，这主要得益于近年来国家政策以及北京市相关部门的大力支持，但与国外相比仍有较大提升空间。

尹小俭等人指出[6]，近十年的诸多指标显示青少年身体素质稳中有升，但仍

---

[1] 王玉霞. 对青少年体质素质健康状况的调查研究 [J]. 体育教学与研究, 2008 (51): 173-174.
[2] 马铮. 中日青少年体质健康的比较研究 [J]. 中国青年政治学院学报, 2010 (4): 77-82.
[3] 姜志明, 王保勇. 我国青少年学生体质健康的现状与未来 [J]. 中国青年政治学院学报, 2014, 33 (5): 71-73.
[4] 何玲. 中美青少年体质健康与运动促进比较 [J]. 中国青年研究, 2016 (6): 20-26, 32.
[5] 季钢, 王智强, 董山山. 青少年体质测评与健康生活方式现状调查分析 [J]. 中国健康教育, 2020, 36 (2): 134-137.
[6] 尹小俭, 曾祝平. 共同关注体质与心理健康 促进中国青少年全面发展 [J]. 中国学校卫生, 2021, 42 (1): 5-9.

然不乐观，具体表现在超重肥胖率增长，部分体能指标水平仍然较低。华东师范大学实验室 2017 年公布《中日儿童青少年体质健康比较研究结果公报》，显示中国儿童各项体能指标几乎全方面落后于日本儿童青少年。

由此可见，解决青少年体质下降、超重与肥胖、视力不良等问题刻不容缓，探讨影响青少年体质健康的因素和措施方案是关键环节。

1.2.2.2 青少年体质健康影响因素的相关研究

青少年体质健康是一个复杂的问题，其影响因素也很多，相关研究的成果较为丰富。林莉指出[①]，影响青少年体质健康水平的原因主要包括生活环境的变化、体育教师的因素、学校的因素和家庭因素。何志文和陈玮君指出[②]，我国青少年体质健康水平下降的原因主要包括，学校方面、家庭方面、社会方面，学生自身方面和学生生活方式方面。陈玉忠指出[③]，青少年体质健康是包括教育在内的综合性社会问题，传统教育观念、现代生活方式和现代社会结构的变迁及学校体育价值判断是我国青少年体质健康的主要影响因素，并提出了落实相关法规、拓展学校体育职责功能、加强安全教育、重视校外教育、完善体质监测和建立社会协同参与机制等发展对策。Gesell 等研究表明[④]，青少年体质健康水平下降与体育活动的减少、过量饮食的摄入及不良生活习惯紧密相关。尤其是体育活动的减少，已成为美国青少年体质健康水平下降的主要原因。杨则宜等认为[⑤]，体育活动不足、学习负担过重、饮食结构不合理和营养状况欠佳等是导致我国青少年体质状况下降的主要原因；但事实上，青少年的体质健康水平受多方面因素的影响，既包括青少年体质健康的意识、态度、行为、心理及生活习惯等主观原因，也包括遗传、营养卫生、医疗保健、环境条件等客观原因[⑥]。

首先，从社会环境方面上看，环境因素对青少年生活行为模式的影响更直接。例如，国际互联网以便捷、高效的信息互动影响着现代人的生活方式，青少

[①] 林莉. 青少年体质健康水平现状的原因分析 [J]. 福建体育科技, 2007, 26 (6): 42-43.
[②] 何志文, 陈玮君. 对青少年学生体质健康状况下降的思考 (之一) [J]. 体育科技文献通报, 2008, 16 (6): 13-15.
[③] 陈玉忠. 关于我国青少年体质健康问题的若干社会学思考 [J]. 中国体育科技, 2007, 43 (6): 83-89.
[④] Gesell S B, Reynolds E B, et al. SocialInfluences on self-reported physical activity in overweight latino children [J]. Scandinavian Journal of Public Health, 2008, 36 (5): 452-459.
[⑤] 杨则宜. 我国青少年学生体质的现状、问题与对策 [J]. 中国运动医学杂志, 2008, 27 (3): 397-400.
[⑥] 肖林鹏, 孙荣会, 唐立慧, 等. 我国青少年体质健康服务体系构建的理论分析 [J]. 天津体育学院学报, 2009, 24 (4): 281-284.

年接触网络的比例迅速增加，有调查显示71%的小学生经常上网。这导致青少年坐位行为过多，对体质构成严重的潜在威胁，另外，引发的网络上瘾症更是严重影响青少年的心理健康。对成年人已不再存在影响的生长发育却影响着对青少年的身心发展和行为模式，而不同的行为模式又反过来影响青春期正常的生长发育，当然也会影响个体体质的动态改变和今后生活模式的选择[①]。其次，从膳食方面看，目前所应用的膳食评价指导方法没有确切反映出青少年营养摄入水平与代谢的平衡关系，普遍应用的青少年体力活动水平测量评估模式尚不能真实地反映青少年日常体力活动行为。最后，从体育锻炼方面看，一般认为的体力活动不规律是影响健康的最重要因素，在针对成年人的研究中有非常明显的定论。但也有相关研究提示，青少年不参与体力活动与心血管疾病危险因子的关系微弱[②]，青少年参加运动似乎不能改变血脂浓度[③]；对于青少年来说，各种慢性疾病的发病率低，肥胖的危害主要表现为对身体外形的影响，运动对健康的好处在于远期获益，直接效应并不明显[④]，这些导致人们没有意识到科学运动对青少年的生长发育具有不可替代的促进作用及对文化学习的促进作用，相反却由于更加注重青少年的文化学习而忽视或阻止青少年参与体育锻炼活动。

由此可以看出，影响青少年体质健康的因素很多，青少年的体质健康比成年人的更加复杂，它涉及学校、家庭和社会多方面的综合因素，提高青少年体质健康水平应从不同的社会领域、视角和层面进行综合研究。

1.2.2.3 青少年体质健康测量与评价的相关研究

测量和评估方法是体质研究中的关键环节，是否得当合理直接影响着测试的结果，只有运用适当的方法才能得到真实信息，再通过反馈调整和改善体育锻炼行为，促进体质健康。20世纪80年代以前，体质评价主要采用常模标准（Norm-referenced Standards），其原理是通过对大样本参考人群进行测试，以百分位数法

[①] Kemper H C G. The Amsterdam growth study: a longitudinal analysis of health, fitness and lifestyle [M]. United States: Human Kinetics, 1995: 231-257.

[②] Ku C Y, Gower B A, Hunter C R, et al. Racial differences in insulin secretion and sensitivity in prepubertal children: role of physical fitness and physical activity [J]. Obesity Research, 2000, 8 (7): 506-515.

[③] Kimber C, Abercrombie E, Epping J N, et al. Elevating physical activity as a public health priority: Creation of the national society of physical activity practitioners in public health [J]. Journal of Physical Activity and Health, 2009, 6 (6): 677-681.

[④] 邹志春, 庄洁, 陈佩杰. 国外青少年体质与健康促进研究动态 [J]. 中国运动医学杂志, 2010, 29 (4): 485-489.

统计出分布规律，通常以第 50 位作为标准，当对个体测试完成后，以其结果与常模标准进行比较，由所处的相对位置来评价个体体质的优劣[1]。但常模标准的缺点也恰恰在于它仅仅反映了个体在某参考群体中所处的位置，没有明确地显示出某一指标达到何种程度方为适宜，什么样的体质才算是合格的体质。而效标参考标准（Criterion-referenced Standards）即设立一个标准点，把被测个体分为合格与不合格两类的方法，弥补了常模标准的不足[2]。美国青少年体质研究的权威组织 AAHPERD（American Alliance for Health, Physical Education, Recreation & Dance，美国健康教育体育休闲舞蹈学会）于 1988 年也建立了适用于 5~18 岁青少年的 1 英里（1 英里≈1.609 344 千米）跑/走、皮褶厚度、BMI（Body Mass Index，体质指数）、坐位体前屈和引体向上等指标的健康标准[3]。在国内，随着社会的发展，我国先后制定和颁布了一系列测量与评价学生体质健康状况的标准。万琼[4]以湖北省普通高校学生为研究对象，对《学生体质健康标准》中评价大学生体质健康状况的指标体系进行灰色系统关联分析，构建了湖北省大学生体质健康综合评价模型，并对其实用价值进行了验证。刘励[5]建立了权重顺序，分别为健康缺陷（0.3144）、身体素质（0.2251）、身体形态（0.1535）、生理机能（0.1535）、心理状况（0.1535）对儿童青少年健康进行个体和群体综合评价；邹志春[6]采用文献资料法和专家访谈法初步确立上海市青少年身体成分、有氧耐力力量和耐力柔韧性测评指标，并根据上海市城区中小学生体测数据完成身体成分、有氧耐力、力量和柔韧相关指标的百分位数建模，并在建模基础上制定了单项评分标准。上述研究成果为本研究测试指标的筛选和测试提供了依据。

1.2.3 关于青少年体质健康促进的研究

加强青少年体育活动，提高青少年体质健康水平成为社会各界的共识和关注

---

[1] Blair S N. Are American children and youth fit? The need for better data [J]. Research Quartely for Exercise Sport, 1992, 63 (2): 120-123.
[2] Cureton K J, Warren G L. Criterion Referenced standardsfor youth health related fitness test: a tutorial [J]. Research Quartely for Exercise Sport, 1990, 61 (1): 7-19.
[3] Looney M A, Plowman S A. Passing rate of American children and youth on the FITNESSGRAM criterion-referenced physical fitness standards [J]. Research Quartely for Exercise Sport, 1990, 61 (3): 215-223.
[4] 万琼. 湖北省大学生体质健康综合评价模型的研究：《学生体质健康标准（试行方案）》的使用探讨 [J]. 中国体育科技, 2005, 41 (3): 129-131.
[5] 刘励. 儿童青少年体质健康的综合评价及影响因素研究 [D]. 武汉：华中科技大学, 2009: 3-4.
[6] 邹志春. 上海市青少年体质指标体系的初步建立与应用研究 [D]. 上海：上海体育学院, 2011: 1-2.

的焦点，关于青少年体质健康促进的研究亦取得了较多的研究成果。随着健康促进理念的不断发展和社会对青少年体质的关注，许多学者探讨了青少年健康促进模式和策略，并进行了实证研究。

1.2.3.1 青少年体质健康促进的理论研究

刘彩凤指出①，美国对于学校体育与青少年体质健康，从分析、指导、合作到评估，建立了一套科学完善的技术框架。在这一技术框架下，学校体育与青少年体质健康促进得到了有力的现实数据支撑，提出鲜明、有的放矢的指导性建议。在政府组织与非政府组织的联合促进下，美国青少年体质健康促进效果明显。Jeanine②就当前学校体育健康促进的方法进行了分析，并提出了一种较为合理的评估方法，为学校体育的健康促进提供了一定的思路。刘书元③以"健康促进"理念为切入点，论述了我国青少年体质健康问题，并提出青少年体质优化的"健康—健壮—健美"三层次说，为青少年体质健康促进策略的制定和探讨提供了视角。

赵彩凤④提出了学校有效健康促进模式（图1.2），该模式是由三大步骤构成的一个循环发展结构。其优点在于提出了明确的干预项目，并把教师和家长纳入了干预对象，对健康促进教育模式在学校的推广和应用具有重要的作用。

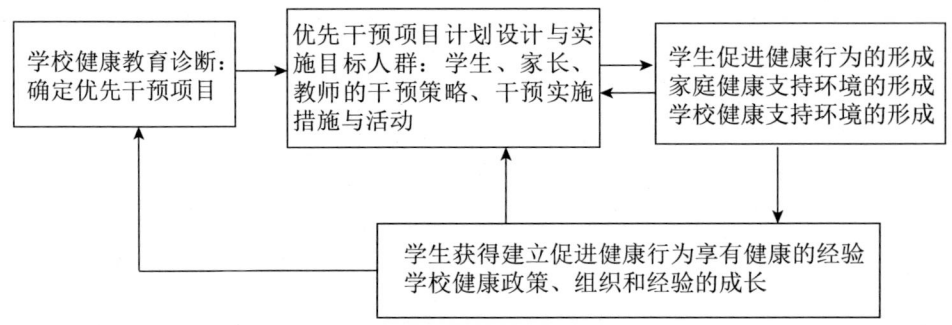

图1.2　学校有效健康促进模式（引自赵彩凤，2007）

---

①刘彩凤．美国学校体育与青少年体质健康促进基于技术框架的分析［J］．体育科技，2012，33（2）：1-3．
②Pommier J, Guével M R, Jourdan D. Evaluation of health promotion in schools: a realistic evaluation approach using mixed methods [J]. BMC Public Health, 2010, 10 (1): 43.
③刘书元．健康促进与青少年体质三层次说［J］．体育与科学，2007，28（2）：7-8．
④赵彩凤．有效学校健康促进模式研究［J］．教学与管理，2007（30）：41-42．

颜昶和徐丽平认为①，学校健康促进的基本内容包括政策与规划保障、体育健康教育、体育健康环境、体育健康服务社区联系、个人体育健康技能培养等。

林莉等②提出了学校有效体质健康促进模式（图1.3），即以课程设置为中心，包括健康促进环境设计、健康促进评价方式和学校政策与规划保障等要素。这些健康促进模式为学校体育健康促进提供了很好的理论框架，促进了学校健康促进理念的推广，但这些研究更加关注理念导向及宏观策略的实施步骤，其有效性和针对性有待进一步的实践验证。

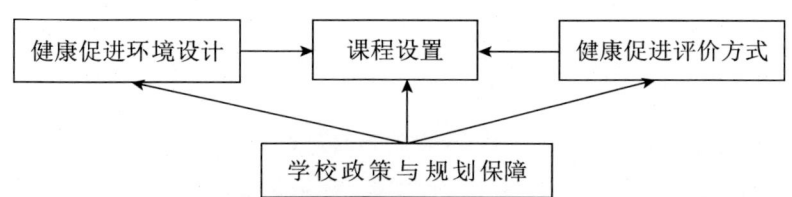

图1.3 学校有效体质健康促进模式（引自林莉等，2011）

周丛改③运用文献资料调研等研究方法，阐述青少年体质健康与体育强国的关系，分析青少年体质健康促进的理论框架，提出了决策、激励、管理、保障、评价与监督五个方面的促进机制。该研究为相关部门制定青少年体质健康促进方面的政策提供了参考。

许婉敏④以浙江省12所中小学学生为调查对象，在调查青少年对体育健康的基本认识、体育健康现状、影响健康促进的因素等基础上，提出青少年体育健康促进的内容应包括政策与规划保障、体育健康教育、体育健康环境、体育健康服务、社区联系、个人体育健康技能培养等。

岳保柱认为⑤，青少年体质健康促进服务体系是促进和提高青少年体质健康的重要手段。青少年体质健康促进服务体系是指一切能够满足并有益于促进青少年身体和精神向着健康方向发展的策略和环境的总和，其内容包括管理体系、实

---

①颜昶，徐丽平. 学校"体育健康促进"模式的创建与"终身体育"[J]. 北京体育大学学报，2007，30（11）：1534-1536.
②林莉，孙仕舜，董德龙. 学校体育对青少年体质健康促进的思考[J]. 北京体育大学学报，2011，34（8）：71-74.
③周丛改. 体育强国目标下青少年体质健康促进机制探讨[J]. 成都体育学院学报，2011，37（6）：33-36.
④许婉敏. 青少年体育健康促进机制的研究：以浙江省为例[J]. 浙江体育科学，2011，33（1）：14-17.
⑤岳保柱. 构建我国青少年体质健康促进服务体系的若干思考[J]. 西安体育学院学报，2011，28（4）：453-457.

施体系、监督体系和评价体系四大体系。

霍兴彦和林元华[1]从服务组织的层次结构（静态）和组织系统（动态）两个方面构建了青少年体质健康促进的组织服务结构，其中，静态的组织层次结构包括国家、省市、地区三个层面，而动态的组织系统则包括决策、执行、操作、监督和反馈五个环节。

郝英[2]通过对青少年体质健康状况的分析，认为在现实条件下，提高青少年学生体质健康水平的关键在于全体教师的重视。为了落实青少年体质健康促进中教师的责任，需要对在职教师通过岗位培训、未来教师通过专业教育、在读大学生通过课程影响，不断提高全体教师关注青少年体质健康的意识。该文强调了教师的责任，突出了教师的重要地位。

从上述研究可以看出，青少年体质健康促进已经成为学者关注的焦点，而且从理论上进行了相关的探讨，特别是在学校体育领域提出了策略，并且对青少年体质健康促进机制、服务体系等进行了讨论，但是其实施的有效性和可操作性有待进一步实证研究。

1.2.3.2 青少年体质健康促进的实证研究

国内外学者对青少年体力活动、身体锻炼等影响体质健康的因素进行了大量的实证研究。1988年，美国运动医学学会（American College of Sports Medicine，ACSM）在成年人体力活动指南的基础上提出，青少年应该每天参与大强度的体力活动至少20分钟[3]；1998年，英国健康教育权威机构提出青少年每天应该完成60分钟以上中等强度的体力活动，平时不爱活动的人也应该至少完成30分钟中等强度的体力活动，且为保证青少年骨骼健康、柔韧与力量的维持与发展，每周应有目的地进行两次与柔韧及力量相关的锻炼[4][5]；2005年，美国疾病控制与

---

[1] 霍兴彦，林元华. 基于我国青少年体质健康促进的组织服务体系构建研究 [J]. 河北体育学院学报，2012，26（4）：32-35.

[2] 郝英. 论青少年体质健康促进中教师的责任 [J]. 西安体育学院学报，2008，25（5）：111-113.

[3] American College of Sports Medicine. Physical fitness in children and youth [J]. Medicine and Science in Sports and Exercise, 1988, 20 (4): 422-423.

[4] American College of Sports Medicine. The recommended quantity and quality of exercise for developing and maintaining cardiorespiratory and muscular fitness, and flexibility in healthy adults [J]. Medicine and Science in Sports and Exercise, 1998, 30 (6): 975-991.

[5] Biddle S, Sallis J, Cavill N. Active? Young people and health-enhancing physical activity: evidence and implications [J]. Health Education Authority, 1998.

预防中心（Centers for Disease Control and Prevention，CDC）推荐，每天至少参加1小时中等到大强度的体力活动对绝大多数青少年的健康有益，健康收益将伴随体力活动量和活动强度的增大而增加，且强调活动项目应该令人愉悦、多样化和适合个体的体质状况[①]；2007年，Warburton等研究提出，预防肥胖和维持减重效果所需的体力活动量的大小比减少心血管疾病风险所需量更大[②]；2008年，美国卫生及公共服务部（Department of Health and Human Services，HHS）发布了《体力活动指南》，建议儿童青少年每周至少3天参与大强度体力活动，且划分了大、中、小强度体力活动的强度范围，以及中等与大强度体力活动的量化关系，并推荐了日常体力活动的常见项目。青少年体力活动生活方式化是该指南由理论向实践推进的必由之路，但如何在家庭—学校—社区中有效推广尚待进一步探索[③][④]。这些研究对青少年体力活动进行了深入的研究，对青少年体质健康促进模型的构建提供了依据，但是这些研究没有针对不同性别、不同种族、不同年龄段的青少年体力活动及运动减肥的量和强度等问题进行深入研究。

1992年，欧洲建立了健康促进学校网络，如今已有健康促进学校500余所，而我国起步较晚，曾在部分地区进行健康促进学校的试点和推广，对健康促进工作起到重要的推动作用，但由于缺乏规范研究，健康促进方法操作性不强，使健康促进流于形式，因此并未使学生体质健康水平获得应有的收益。

张勉行[⑤]对四川省内江市16名肥胖青少年进行了减肥跟踪调查和干预实验，研究结果表明，坚持参加体育活动、改善饮食习惯和加强肥胖知识教育，重视综合防治具有明显的减肥效果。张河川[⑥]以742名学生为研究对象，就学校体育中的健康促进进行了实证研究，并提出健康教育与体育改革相结合的综合社区干预

---

① Kimber C, Abercrombie E, Epping J N, et al. Elevating physical activity as a public health priority: creation of the national society of physical activity practitioners in public health [J]. Journal of Physical Activity and Health, 2009, 6 (6): 677-681.

② Hills A P, King N A, Armstrong T P. The contribution of physical activity and sedentary behaviours to the growth and development of children and adolescents: implications for overweight and obesity [J]. Sports Medicine, 2007, 37 (6): 533-545.

③ Slack M K. Interpreting current physical activity guidelines and incorporating them into practice for health promotion and disease prevention [J]. American Journal of Health System Pharmacy, 2006, 63 (17): 1647-1653.

④ 邹志春，庄洁，陈佩杰. 国外青少年体质与健康促进研究动态 [J]. 中国运动医学杂志，2010，29 (4): 485-489.

⑤ 张勉行. 体质健康与青少年减肥的实验报告 [J]. 成都体育学院学报，2004，30 (5): 81-82.

⑥ 张河川. 健康教育在促进学生体质中的作用 [J]. 中国学校卫生，2006，27 (8): 696-697.

对学生体质有积极的作用。张晓等[①]对长沙市450名中学生健康促进行为水平及其在不同性别、年龄和学校类型上的差异进行了调查和分析。结果表明，青少年在运动行为及人际支持行为上存在明显的性别差异。

张娟得出[②]身体锻炼干预在发展的基础上对儿童身体素质的作用虽然微弱，但还是有一定的促进作用，且留守儿童和非留守儿童之间有差别；身体锻炼干预激发了对照班儿童体育锻炼的兴趣，但在一定程度上降低了实验班学生体育活动的兴趣；适宜的体育锻炼不会影响学习成绩。刘星亮等[③]在调查的基础上，构建以"健康第一"为指导思想，以学校体育为主体，以家庭为基础，以教师为主导，充分发挥社区功能，学校、家庭、社会共同参与的体质健康教育模式。

其他的相关研究还有《青少年学生生活习惯与体质健康的调查及实验研究》（李玉强，2010）、《体育锻炼对青少年体质健康影响的研究》（李石庄，2010）、《广西民族大学少数民族大学生体质与健康促进发展研究》（李强，2010）和《武术锻炼对小学生心肺功能影响的实验研究》（李侠、史鹏飞，2010）等。

总之，青少年体质健康问题已经成为社会各界人士关注的焦点，其影响因素也是多方面综合的，健康促进理论的提出为青少年体质健康的干预提供了契机，青少年体质健康促进模型的构建将是青少年体质健康干预的关键环节。

综上所述，关于青少年体质健康和健康促进的相关研究成果在不同程度上拓展和深化了人们对体质、健康、体质健康和健康促进等的理解和认识，对本研究相关概念的界定、研究方法的选择和设计、研究内容的设置及研究思路的形成具有较好的参考价值和理论基础。但是上述研究仍存在以下问题。第一，从研究方法来看，研究方法比较单一，而采用文本研究、专家访谈、问卷调查和实验法相结合的研究较少。第二，从研究内容来看，青少年体质健康的现状和影响因素的研究较多，体质健康促进干预的研究较少。第三，从研究质量来看，研究成果的实践应用较少，操作性和实效性不足，实证性研究欠缺；关于青少年体质健康促进模型构建的研究甚少，针对青少年体质健康模型构建与实证研究的相关研究结果尚未见到报道。

---

①张晓，陈锡友，戴婷，等. 青少年健康促进行为的调查研究[J]. 社会心理科学，2011，26（10）：109-112.
②张娟. 身体锻炼干预对民办学校留守儿童体质健康促进及体育兴趣培养实验研究[D]. 南昌：江西师范大学，2011：28-29.
③刘星亮，陈义龙，刘辉，等. 青少年体质健康教育模式研究[J]. 武汉体育学院学报，2012，46（3）：74-78.

1.3 研究的主要内容

第一，运用健康学、体质学、体育学、生态学、社会学等多学科相关理论对青少年体质健康促进的相关概念和内涵进行界定，为确定青少年体质健康促进模型的基本要素模块奠定理论依据。

第二，通过问卷调查，探讨青少年体质健康促进模型的基本要素，以及各要素之间的关系，构建青少年体质健康促进理论模型。

第三，依据理论模型，设计青少年学生体质健康促进活动干预方案，选取受试者进行健康促进的实证研究。运用所得数据和进一步的理论分析，验证我国青少年体质健康促进模型的有效性，以及干预方案的针对性和可操作性。

1.4 研究对象、研究方法与技术路线

1.4.1 研究对象

以我国青少年体质健康促进为研究对象，青少年的年龄范围为 11~18 岁；抽取我国 18 个省（市、自治区）的 1 436 名学生为调查对象，据此构建健康促进模型；以天津南开中学的 143 名中学生为干预对象进行实证研究。

1.4.2 研究方法

1.4.2.1 文献资料法

查阅关于健康、体质健康、健康促进、青少年体质健康、青少年体力活动、体育锻炼等方面的文献资料，以及模型构建等相关理论为本研究整体的设计和模型构建提供理论依据。

1.4.2.2 专家访谈法

针对青少年体质健康促进等问题与运动人体科学、体质健康等领域具有副教授（或相当职称）及以上职称的学者、相关行政部门的领导和中小学领导或高级职称教师等 14 名专家进行访谈（表 1.1），访谈结果为青少年体质健康促进模

型要素的筛选、量表的设计提供了依据。

表 1.1　访谈专家的基本情况

专家姓名	职称或职位	单位	学科专业
×××	教授	天津体育学院	体质学
×××	教授	天津体育学院	运动心理学
×××	教授	天津体育学院	体育教育训练学
×××	教授	天津体育学院	运动人体科学
×××	副处长	国家体育总局	民族传统体育
×××	教授	中北大学	体质健康
×××	教授	华中师范大学	学校体育学
×××	处长	天津滨海新区教育局	体育卫生
×××	科长	天津滨海新区教育局	体育卫生
×××	特级教师	天津南开中学	体育教学
×××	主任	天津塘沽一中	体育教学
×××	教授	美国韦恩州立大学	运动技能学习
×××	教授	美国密歇根大学	健康促进
×××	教授	美国东密歇根大学	健康促进

1.4.2.3　调查测量法

首先，在查阅资料和访谈专家的基础上，初步筛选青少年体质健康促进模型的基本要素，完成调查量表的设计；其次，请有关专家对量表的研究内容进行二轮咨询，据此对量表进行相关修改与完善，并进行信效度检验；最后，采用强度抽样的方法，向 1 800 名中学生发放调查量表，据此构建青少年体质健康促进模型（具体详见第 3 章）。

1.4.2.4　模型构建法

根据模型构建程序、理论与方法，运用 Amos 16.0 建模工具构建青少年体质健康促进模型。

1.4.2.5　干预实验法

随机抽取天津南开中学初二（4）~（7）班能正常参加全部大纲课程的 143 名

在校学生，分成干预组和对照组进行一个学期的干预实验，签署自愿同意书。实验前后分别进行量表调查和体质健康测试（具体详见第 4 章）。

1.4.2.6 数理统计法

运用 Excel 2007 对原始数据进行录入，SPSS 19.0 对录入进行统计处理，采用 Frequency Analysis（频率分析）、T-test（t 检验）、Covariance Analysis（协方差分析）等方法进行统计分析，统计推断的显著性定在 $\alpha=0.05$ 水平上。

1.4.3 技术路线

技术路线如图 1.4 所示。

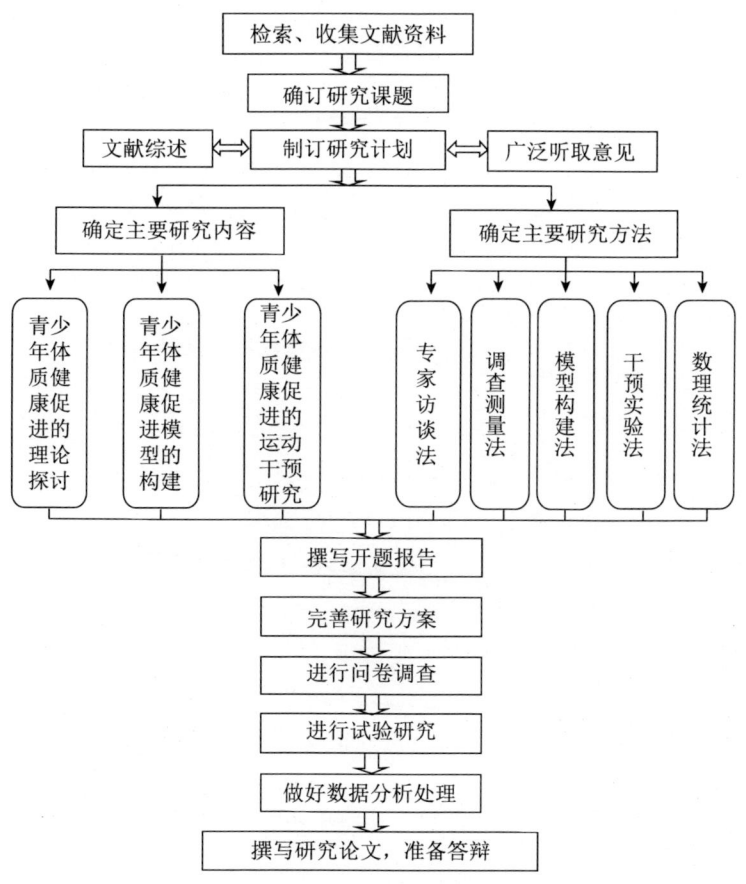

图 1.4 技术路线

1.5 研究的理论基础

1.5.1 社会认知理论

社会认知理论（Social Cognitive Theory，SCT）主要用来解释社会情境中人类行为变化的本质。Bandura 认为①，行为、个人和环境因素三者之间的相互关系能够解释人类的行为或者控制生活的能力（图1.5）。人类的行为受个人信念的影响，但有时外部环境的影响远远超过个体的信念，正如人类创造了社会，而社会能够使我们更好地控制我们的生活。行为是由个体机能和社会结构相互作用的多方面因素决定的。

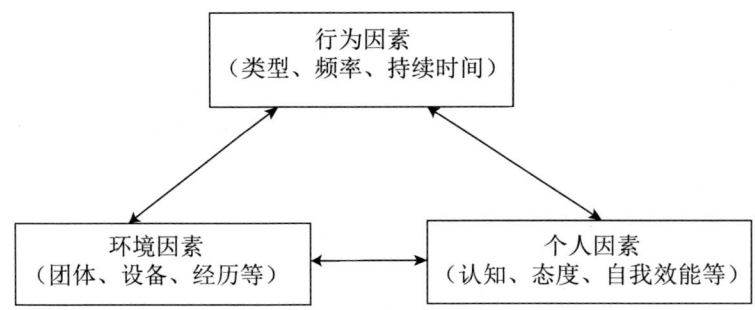

图1.5　社会认知理论中三因素的关系（引自 Bandura，1997）

社会认知理论和健康促进理论假设人们有能力塑造他们的行为，并控制行为输出的结果。人们通过个体机能发挥其社会心理功能，而知觉效能理念是个体机能中最重要的因素。知觉效能决定了机体的动机水平，知觉在行为输出过程中发挥着重要作用，而人们的知觉比机体本身能力更能促进人们行为结果的产生。Bandura 认为，自我效能是指个体对有能力组织和完成行为并达到预期结果的信念，结果期望是指成功完成预期行为的结果，可以用自我效能理论和结果期望来

---

①Bandura A. Self-efficacy: the exercise of control [M]. New York: W. H. Freeman and Company, 1997.

解释个体行为。研究表明①②③④，自我效能是青少年参加体育活动非常重要的决定因素之一，另外，种族背景也影响着青少年参加体育活动。Bandura 研究表明⑤，影响自我效能的因素主要包括成功的经验（行为的）、榜样（认知的）、言语劝说（社会的）、情感或生理的唤醒（生理的），结果期望包括生理的、社会的和自我评价三个方面。

另外，社会认知理论认为体育活动行为是一个由个人因素、行为因素及环境因素交互作用决定的复杂过程，强调其行为发生的社会环境，并提出自我效能既可以作为锻炼行为的主要预测变量，也是许多健康行为改变模型的核心变量⑥。因此，自我效能理论成为青少年体质健康促进的重要理论支撑。

1.5.2 跨理论模型

跨理论模型（Trans Theoretical Model，TTM），即变化阶段理论，是美国罗德岛大学心理学教授 Prochaska 在 1979 年提出的。跨理论模型是有目的地进行行为改变的模型，重在个体进行行为改变的决策能力，而非社会的、生物学的影响力，是在综合多种理论的基础上形成的系统地研究个体行为改变的方法。其内容架构主要包括变化阶段、变化过程、自我效能和决策平衡四个方面，并通过变化阶段、变化过程和变化水平三个维度的变化来体现⑦⑧。

变化阶段是跨理论模型的核心，指的是行为发生的时间，各行为变化阶段的

---

①Saunders R P, Pate R R, Felton G, et al. Development of questionnaires to measure psychosocial influences on children's physical activity [J]. Preventive Medicine, 1997 (26): 241-247.

②Stucky-Ropp R C, DiLorenzo T M. Determinants of exercise in children [J]. Preventive Medicine, 1993 (22): 880-889.

③Trost S G, Pate R R, Dowda M, et al. Gender differences in physical activity and determinants of physical activity in rural fifth grade children [J]. Journal of School Health, 1996 (66): 145-150.

④Zakarian J M, Hovell M F, Hofstetter C R, et al. Correlates of vigorous exercise in a predominantly low SES and minority high school population [J]. Preventive Medicine, 1994 (23): 314-321.

⑤Bandura A. Health promotion by social cognitive means [J]. Health Education and Behavior, 2004 (31): 143-164.

⑥沈梦英. 中国成年人锻炼行为的干预策略：TPB 与 HAPA 两个模型的整合 [D]. 北京：北京体育大学，2011：9-10.

⑦Prochaska J O, Velicer W F, Rossi J S, et al. Stages of change and decisional balance for 12 problem behaviors [J]. Health Psychol, 1994, 13 (1): 39-46.

⑧尹博. 健康行为改变的跨理论模型 [J]. 中国心理卫生杂志，2007，21 (3): 194-199.

划分参考了行为改变的时间性、动机和恒心层面[①]。变化阶段将人的整个锻炼历程分为前意向阶段、意向阶段、准备阶段、行动阶段和保持阶段五个行为变化阶段（表1.2）。变化过程阐述了个体如何进行变化，以及在这个过程中所运用的认知、情感、行为和人际关系之间的策略和技巧，主要包括意识唤起（Consciousness Raising）、生动解脱（Dramatic Relief）、自我再评价（Self Reevaluation）、环境再评价（Environmental Reevaluation）、社会解放（Social Liberation）、帮助关系（Helping Relationship）、反条件作用（Counter Conditioning）、强化管理（Reinforcement Management）、自我解放（Self Liberation）、刺激控制（Stimulus Control）十个变化过程。自我效能是指个体确信能够完成必要的行为从而达到预期的结果，主要包括环境性诱因与自信心两个重要的结构。决策平衡描述了个体行为改变的原因，包括正面因素和负面因素，分成行为改变的知觉利益和知觉障碍，是跨理论模型两个重要的中间结果变量。

表1.2 跨理论模型各变化阶段及其定义

变化阶段	定义
前意向阶段	在未来6个月内没有采取行动的意图
意向阶段	准备在未来6个月内采取行动
准备阶段	准备在未来30天内采取行动，并且已经采取了一些行为准备步骤
行动阶段	行为改变已经发生但少于6个月
保持阶段	行为改变已经发生并超过6个月

资源来源：根据孙菲（2012）整理。

跨理论模型指出，个体的行为变化是一个连续的过程而非单一的行为，人们在行为改变之前，是向一系列动态变化的阶段程序发展，对处于不同阶段的个体应采取不同的策略和技巧，促进其向行动阶段和保持阶段的转换。跨理论模型认为，个体是否能从一个阶段过渡到另一个阶段取决于个体的认知过程，而个体的认知过程和五个变化阶段的整合能够有效地解释个体行为的改变。

跨理论模型作为一种综合性和一体化的心理学研究方法，近年来在健康行为

[①]Cardinal B J. The stages of exercise scale and stages of exercise behavior in female adults [J]. The Journal of Sports Medicine and Physical Fitness，1995（35）：87-921.

领域、锻炼行为领域运用较多，成为近几年重要的健康促进发展模式之一[1][2]。重要的是，跨理论模型在干预性研究中，能够为处于不同阶段的个体如何进行相应的锻炼干预提供具体的策略和技巧。

1.5.3 健康促进模型

健康促进模型（Health Promotion Model，HPM）是由 Pender 于 19 世纪 80 年代提出的，它揭示了刺激个人从事健康行为促进健康的复杂的、生物的、心理的、社会化过程，被广泛地运用在护理研究中，并作为众多相关研究的理论基础和框架。Pender 等认为[3][4][5]，影响健康促进的因素包括三个方面：第一，个体特征和经历；第二，行为认知；第三，人际关系影响。其中，个体特征和经历是先天因素，主要包括性别、年龄和性格，经历主要影响将来的行为，这些背景因素很少能被改变；行为认知因素主要感知行为利益、行为障碍、自我效能和与行为相关的情感；人际关系：影响因素主要是指影响行为的社会环境因素，包括社会支持、家庭和场地器材等（图1.6）。

---

[1] 沈梦英. 中国成年人锻炼行为的干预策略：TPB 与 HAPA 两个模型的整合 [D]. 北京：北京体育大学，2011：14-15.
[2] 孙菲. 中英两国护士体力活动与体力活动健康促进的相关研究 [D]. 上海：第二军医大学，2012：51-55.
[3] Pender N J. Health promotion in nursing practice [M]. 3rd ed. Stanford, CT：Appleton and Lange，1996：51.
[4] Pender N J, Murdaugh C L, Parsons M A. Health promotion in nursing practice [M]. 4th ed. Upper Saddle River, NJ：Prentice Hall，2002：44.
[5] Pender N J, Murdaugh C L, Parsons M A. Health promotion in nursing practice [M]. 5th ed. Upper Saddle River, NJ：Prentice Hall，2005：56.

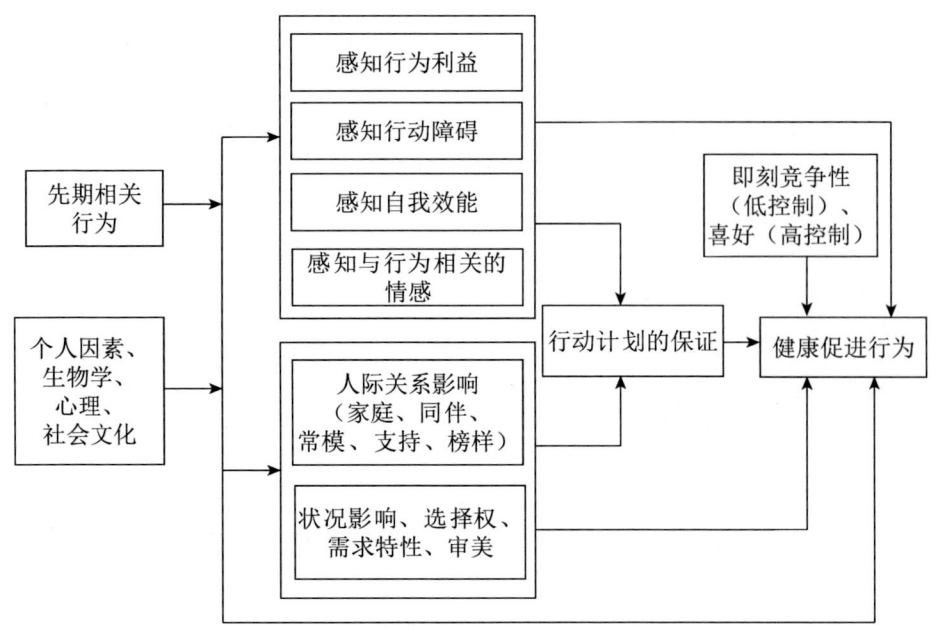

图 1.6 Pender 的健康促进模型（引自 Pender 等，2002，2005）

健康促进模型的优点在于①，结合了前期健康促进模型的关键因素，包括跨理论模型②、健康信念模型③、理性行为和计划行为理论④⑤⑥，具有多个解释变量，并且重在探讨影响个体健康、人际关系与环境之间的相互关系。

Pender 的健康促进模型被广泛地运用到研究与健康促进行为相关的认知和行为决定因素，影响青少年身体活动行为的因素，为探讨影响健康促进的因素提供

---

① Shin Y H, Yun S K, Pender N J, et al. Test of the health promotion model as a causal model of commitment to a plan for exercise among Korean adults with chronic disease [J]. Research in Nursing & Health, 2005 (28): 117-125.

② Prochaska J O, Diclemente C C. Stages and processes of self-change of smoking: toward an integrative model of change [J]. Journal of Counseling and Clinical Psychology, 1983 (51): 390-395.

③ Rosenstock I M. Why people use health services [J]. Milbank Memorial Fund Quarterly, 1966 (44): 94-127.

④ Ajzen I. The theory of planned behavior [J]. Organizational Behavior and Human Decision Processes, 1991 (50): 179-211.

⑤ Ajzen I, Fishbein M. Understanding attitudes and predicting social behavior [M]. Englewood Cliffs, NJ: Prentice Hall, 1980.

⑥ Fishbein M, Ajzen I. Belief, attitude, intention and behavior: an introduction to theory and research [M]. Reading, MA: Addison-Wesley Publishing Company, 1975.

了理论框架[1][2]。例如，Wu Tsu-Yin 和 Pender[3] 将其运用到我国台湾青少年体育活动行为中，并探讨影响台湾青少年体育活动的因素（行为认知、人际关系和行为冲突）之间的关系；Shin[4] 等运用健康促进模型探讨韩国老年妇女健康促进行为；Keegan 等[5] 运用健康促进模型探讨脊柱受损人群的身体活动和锻炼。

在健康促进模型中，健康促进行为是健康促进模式的最终行为结果，而体育活动是健康促进行为重要的一环。对青少年体质健康促进而言，体质健康是体质健康促进行为的最终结果，即体质健康促进行为促进体质健康，而体育活动是体质健康促进行为的关键环节，是探讨体质健康促进模型中各变量关系的中间环节。本研究将探讨青少年体质健康促进模型中各因素如何相互影响，以及如何直接和间接影响体质健康促进行为。

总之，社会认知理论、跨理论模型、健康促进模型对青少年健康促进提供了理论依据和框架，为青少年体质健康促进模型的构建奠定了坚实的理论基础。

1.6 本章小结

①青少年体质健康是国民体质的重要组成部分，但我国青少年体质健康问题已经成为困扰我国学校教育和社会发展的严重问题。针对这种情况，党和政府高度重视青少年体质健康问题，采取一系列改善学生体质的措施，使我国青少年体质健康连年滑坡问题得到控制，但仍然未能找到从根本上解决这一问题的有效方法和途径。

②由于尚未能对青少年体质健康影响因素进行科学的全方位的认识，因此尚不能从生物、心理和社会等因素系统全面地解决青少年体质健康存在的问题，其

---

[1] Guedes N G, Moreira R P, Cavalcante T F, et al. Students' physical activity: an analysis according to Pender's health promotion model [J]. Revista da Escola de Enfermagem da USP, 2009 (43): 773-779.

[2] Pender N J, Murdaugh C L, Parsons M A. Health Promotion in nursing practice [M]. 5th ed. Upper Saddle River, N J: Prentice Hall, 2005: 56.

[3] Wu T, Pender N. Determinants of physical activity among Taiwanese adolescents: an application of the health promotion model [J]. Research in Nursing & Health, 2002 (25): 25-36.

[4] Kyung Rim Shin. Testing and developing the health promotion model in low-Income, korean eldeily women [J]. Nursing Science Quarterly, 2008, 21 (2): 173-178.

[5] Keegan J P, Chan F, Ditchman N, et al. Predictive ability of Pender's health promotion model for physical activity and exercise in people with spinal cord injuries: a hierarchical regression analysis [J]. Rehabilitation Counseling Bulletin, 2012, 56 (1): 34-47.

中，缺少能够正确反映体质健康促进的理论模型又是影响改善我国青少年体质健康的重要理论问题。显然，构建能够用于改善青少年体质健康的理论模型已经成为从根本上扭转我国青少年体质下降态势亟待解决的重要课题。

③"健康促进"作为体质健康研究领域的专有名词，是指促进人们维护和改善自身健康的全过程。尽管这一定义至今仍在不断探讨和完善，但其包含的重要理念早已用来服务于人类的健康事业，为人类的健康提供了理论和实践契机。

④社会认知理论、跨模型理论、健康促进模型对青少年健康促进提供了理论依据和框架，为青少年体质健康促进模型的构建奠定了坚实的理论基础。

2 青少年体质健康促进的理论探讨

2.1 健康促进和青少年体质健康促进的概念与内涵

2.1.1 健康促进的概念与内涵

2.1.1.1 健康

20世纪80年代，世界卫生组织对健康的定义是[①]指身体、精神和社会适应的良好状态，而不仅仅是没有疾病或不虚弱的状态。1998年，世界卫生组织提出[②]，健康的新标准包括身体健康、心理健康、道德健康和社会适应四个方面的内容。这一概念和标准从生理、心理和社会学层面对健康进行了全面的阐释，认为真正的健康应该是在没有疾病和身体不虚弱的基础上，保持良好的体质水平和心理状态，保持高质量的生活方式，达到身体健康、心理健康和社会适应能力强的目的。具体从生理层面看，健康是指躯体器官、组织及细胞没有疾病，各项生理功能正常，体力良好；从心理层面看，健康是指精神和智力正常，主要包括人格完整，情绪稳定，有较好的自我控制能力，对未来有明确的目标，有理想、追求等；从社会层面看，健康是指有良好的人际交往与社会适应能力，能够适应复杂的社会环境变化。

随着人们生活方式的现代化和潜在健康风险因素的多样化，如吸烟、过度饮酒、工作压力过大、职业倦怠、摄食过多、营养过剩、体力活动过少等，人们对健康概念的理解越来越深入，有学者提出整体健康[③]（Wellness）。整体健康是指

[①] 龚幼龙. 社会医学 [M]. 北京：人民卫生出版社，2001：103-104.
[②]《中国全科医学》编辑部. 全科医学小词典：WHO健康新定义 [J]. 中国全科医学，2007（5）：361.
[③] 李红娟. 体力活动与健康促进 [M]. 北京：北京体育大学出版社，2012：5-6.

持续地、有意识地努力保持健康生活方式，以达到最佳的健康状态，主要包括身体、情感、心智、社会、环境、职业和精神的健康七个维度（图2.1）。从图2.1可以看出，整体健康的七个维度将健康的生理、心理和社会三个层面分成身体、情感、心智、社会、环境、职业和精神，并构成一个封闭的回路，说明这七个维度相互促进，共同构成健康，其中任何一个方面出现问题都将影响健康的整体水平。

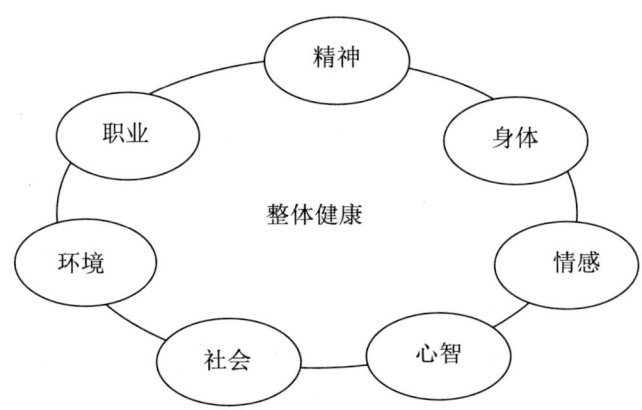

图2.1　整体健康的七个维度（引自李红娟，2012）

1974年，加拿大卫生与福利部前部长Marc Lalonde在《加拿大健康新观点》的报告中，将影响健康的因素归纳为人类生物学、生活方式、环境及卫生服务的可得性四个方面，引起了人们对生活方式这一影响因素的关注。Evans和Stoddart[1]提出健康多因素决定模式（图2.2），其中，健康包括疾病、健康与功能、安康三个层次，同时说明健康受社会环境、物质环境、卫生保健服务和遗传环境等多因素影响。谭思洁等[2]将影响健康的因素归为自然环境、社会环境和生活方式，并指出现代化的生活方式使人们的体力活动明显减少，人们虽然基本解决了烈性传染病的发生，但心血管疾病、糖尿病、肥胖症等慢性疾病的患病率日趋上升，这些"现代文明病"的发生或多或少与不良的生活方式有关。

---

[1] Evans R G, Stoddart G L. Producing health, consuming health care [J]. Social Science & Medicine, 1990 (31): 1347-1363.
[2] 谭思洁, 王健, 郭玉兰. 青少年运动健康促进导论 [M]. 北京: 知识产权出版社, 2012: 7-9.

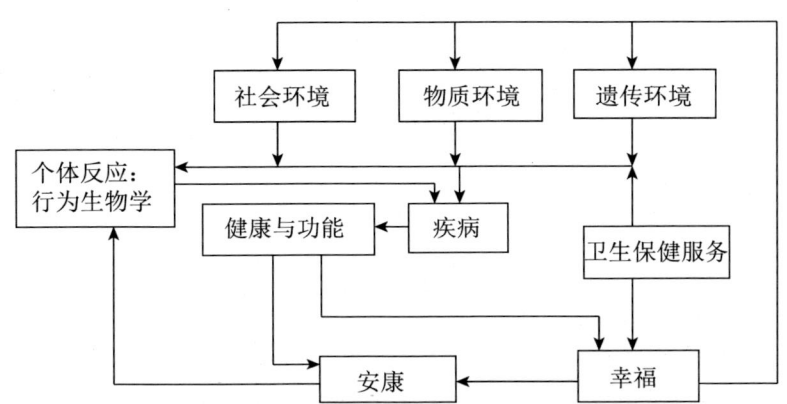

图 2.2　健康多因素决定模式（引自 Evans 和 Stoddart，1990）

通过对健康概念和影响因素的分析，将健康的内涵做如下归纳：第一，健康的含义比较广泛，包括身体、心理和社会适应等多个方面；第二，健康不仅是目标，而且是过程；第三，健康不仅是指具有良好的体质或暂时没有疾病，还指具有保持健康所需的健康生活方式和良好的身心状态；第四，影响健康的因素很多，个人的健康水平与社会环境等因素息息相关，与社会条件、经济条件、物质环境、个人生活方式等密不可分。

2.1.1.2　健康教育

第十三届世界卫生大会指出，健康教育（Health Education）是研究以传播保健知识和技术，影响个体和群体行为，消除危险因素，预防疾病，促进健康的科学。Green 和 Kreuter（2005）将健康教育定义为所有针对个体、群组和社区的致力于改变倾向因素、促成因素和强化因素的学习过程的结合；简单地说，健康教育是对人们进行健康的教育过程。具体而言，健康教育就是通过有计划、有组织、多种形式有系统的教育活动向个体或群体传播健康知识，使人们树立健康的意识，促进个体或群体采纳并养成良好的行为习惯和生活方式，达到终身受益的过程。

健康教育的核心是健康行为，任何外界环境的改变、政策的制定及生活方式的改变，其最终目标都是促进行为向有利于健康的方向发展。如果行为发生改变而健康水平没有提高，我们就需要考虑行为与健康之间的关系，以及行为与健康的测量和评价方式等因素的影响。个体的健康行为既包括个体或群体可观察的外显的行为，又包括人的思想活动和情感状态。

从中可以看出，健康教育强调的是个体或群体自愿地参加到改变自身健康的行为实践中，而且在信息告知基础上实现和完成。健康教育的实质是一种行为干预，它提供个体或群体改变行为所必需的知识、技术、技能与服务，帮助个体或群体在面临促进健康、预防疾病、治疗和康复等各个层面的问题时，能够做出正确的、积极的行为决策。

2.1.1.3 健康促进

健康促进最早由医学史家 Henry E. Sigerist 于 1945 年提出，他把医学定义为健康促进、疾病预防、疾病治疗和康复四个方面的功能。现代健康促进源于健康教育，往往与健康教育共同探讨，这是公共卫生发展到一定阶段的产物。

1986 年，在加拿大渥太华召开的第一届国际健康促进大会将健康促进定义为，促使人们维护和改善他们自身健康的过程。1995 年，张莉又提出，健康促进是指个人与家庭、国家与社会共同采取措施，鼓励健康行为，增强人们改进处理自身健康问题的能力[1]。

2000 年，在第五届全球健康促进大会上提出，健康促进就是要使人们尽一切可能让自己的身体和精神保持在最优状态，其宗旨是使人们知道如何保持健康，在健康的生活方式下生活，并有能力做出健康的选择。

劳伦斯格林（Green，1991）认为，健康促进是促使行为和生活条件向有益于健康改变的教育与生态学支持的综合体。其中的教育是指健康教育，生态学是指社会的、组织的、经济的和影响行为的环境状况等，健康教育在健康促进中具有主导作用。

温斯勒从社区的角度提出，健康促进就是组织社区努力开展个人卫生教育，完善机构以保证有利于维持并增进健康的生活水准。

美国疾病控制与预防中心认为，健康促进包括健康教育及任何能够促使行为和环境转变为有利于健康的有关组织、政策及经济干预的统一体。

从上述对健康促进概念的阐释，现将健康促进的内涵归纳为以下几个方面：第一，健康促进包括人们健康和生活的各个方面，而不仅仅是针对某些疾病或某些疾病的危险因素；第二，健康促进包括个体行为改变和社会环境改变两个方面，并注重挖掘个人、家庭、社会的健康潜力，即达到长远健康的目标；第三，

---

[1] 张莉. 国内外健康教育现状与展望 [J]. 山西临床医药，1996，5（1）：71.

健康促进可直接作用于影响健康的病因或危险因素的活动或行为；第四，健康促进不仅仅是治疗和控制疾病，更多的是预防、促进和保持；第五，健康促进是长期的过程，不仅需要个体或群体的主观能动性，更需要社会等各个方面的支持，是个体或群体、社会、环境等共同作用的综合过程。

2.1.2 青少年体质健康促进的概念与内涵

2.1.2.1 体质健康

关于体质概念，学术界有不同的观点。一种观点是体质的二维说[①]，体质是指人体的质量，它是在遗传性和获得性的基础上表现出来的人体形态、结构、生理功能和心理因素的综合的、相对的、稳定的特征。这一概念从生理和心理两个维度对体质进行阐释，认为体质包括身体发育水平、身体功能水平；身体素质及运动能力水平、心理发育水平和社会适应能力。另一种观点是体质的三维说[②]，体质是人在遗传性和获得性的基础上表现出来的躯体、心理和社会方面的综合的、相对稳定的特征。这一概念从生理、心理和社会三个维度对体质进行阐释，认为体质包括身体素质、心理素质、社会素质和综合素质。我们可以看出，不管是体质的二维说还是三维说，体质都包括身体素质，而身体素质通常是指人体的基本活动能力，是人体各器官系统的机能在肌肉工作中的反映，主要包括力量、速度、耐力、灵敏性、柔韧性、协调性和平衡性等能力[③]。影响体质的因素很多，包括遗传、营养和体育活动等[④]。健康是指生理、心理和社会上的完好状态，而不仅仅指没有疾病或不虚弱。影响健康的因素主要包括环境、生物学基础、生活方式和保健措施等[⑤]。

从上述分析中可以看出：第一，体质与健康是从不同侧面和范畴来阐释人体状况的两个相互关联的概念，二者既相互联系又有所不同；第二，体质作为载

[①] 全国体育院校成人教育协作组《体育概论》教材编写组. 体育概论 [M]. 北京：人民体育出版社，1989：14-18.

[②] 董新光，戴剑慧，柏扣兰. 健康素质概念的辨析：兼谈体质、身体素质与健康素质3个概念的混用与统一 [J]. 体育科学，2005，25（11）：72-75.

[③] 陈明达，于道中，于葆，等. 实用体质学 [M]. 北京：北京医科大学、中国协和医科大学联合出版社，1993：193-198.

[④] 谭平，肖福元，许东华，等. 儿童青少年体质健康综合评价研究述评 [J]. 中国学校卫生，2001，22（1）：59-60.

[⑤] 刘励. 儿童青少年体质健康的综合评价及影响因素研究 [D]. 上海：华中科技大学，2009：9-10.

体，是健康的基础，健康是体质的目标，健康的范畴比体质的范畴更大，包含的面更广；第三，体质健康作为健康的一部分，是健康的下位概念，体质健康不仅是体质的目标，也是一个过程；第四，身体素质是体质的重要组成部分，身体素质完好是体质健康的重要标志之一。

2.1.2.2 体质健康促进

体质健康促进就是促进体质健康，即促使人们维护和改善他们自身体质健康的过程。具体来讲就是，运用组织或行政手段，协调个体、家庭和社会各部门，共同维护和促进个体或群体健康的行为过程。体质健康作为健康的一部分，体质健康促进亦是健康促进的一部分，而且主要是指为促进体质状况的改善和提高而采取的活动或措施。

2.1.2.3 青少年体质健康促进

青少年体质主要包括与健康相关的体质和与运动相关的体质两类[①]。与健康相关的体质主要包括心血管呼吸系统的耐力、肌肉力量和耐力、柔韧、身体成分四个方面的内容，与健康的关系比较紧密。例如，2007年颁布的《中共中央国务院关于加强青少年体育增强青少年体质的意见》和"健康第一，增强学生体质"中所提到的体质均是指与健康相关的体质。

与运动相关的体质主要包括速度、耐力、灵敏、协调和柔韧等身体素质，与健康的相关性较低。两者均与体育锻炼息息相关，对二者均有促进作用，但是体育锻炼对与运动相关体质的促进提高作用，明显高于对与健康相关的体质的增强作用，而且通过对与健康相关的体质的锻炼也能促进与运动相关的体质的改善和提高。教育部印发的《国家学生体质健康标准（2014年修订）》，对学生进行体质健康监测中的体质主要是指与运动相关的体质。

霍兴彦和林元华认为[②]，青少年体质健康促进是指针对青少年的身心特点，有计划、有组织地开展一系列活动，以创造有利于青少年体质健康的环境，转变青少年的行为方式和生活方式，降低体质健康风险因素的水平，进而促进青少年体质健康，提高其生活质量的过程。本研究结合体质、体质健康和健康促进等概

[①] 冯霞. 青少年体质健康教育研究 [J]. 中国青年政治学院学报，2006（4）：1-5.
[②] 霍兴彦，林元华. 基于我国青少年体质健康促进的组织服务体系构建研究 [J]. 河北体育学院学报，2012，26（4）：32-36.

念，将青少年体质健康促进界定为促使青少年维护和改善其体质健康的过程。具体来说，是指针对青少年的身心特点，组织和协调个体、家庭和社会各部门，有机结合生物、社会和心理等核心要素采取一系列措施，使其生活方式、行为和社会环境向维护和促进体质健康转变的过程。其含义主要包括以下六个方面。

第一，青少年体质健康促进不仅仅是促进青少年体质的改善，更重要的是使青少年达到全身心的全面协调发展，而全身心的全面协调发展的基础和关键在于体质的改善。

第二，青少年体质健康促进是一个长期的综合过程，需要来自青少年个体、家庭和社会的共同作用。

第三，青少年体质健康促进包括青少年个体行为和社会环境等方面的改变。

第四，青少年体质健康促进的过程不仅仅是针对体质差或有疾病的群体，还包括所有群体；不仅仅是治疗，更多的是改善和预防。

第五，从广义来讲，青少年体质健康促进包括平衡膳食、具有良好的心理状态和进行科学的体育锻炼等；从狭义来讲，青少年体质健康促进的关键在于青少年个体行为的改变，特别是认知行为的改变，使青少年能够自觉地参与促进体质健康活动的过程。

第六，本研究中的青少年体质健康促进主要是指促进和提高与运动相关的体质的健康水平。

2.2 青少年体质健康促进的目标与要素

2.2.1 青少年体质健康促进的目标

青少年是祖国的希望和未来，但调查显示[1][2][3]，我国青少年的肺活量、速度、力量、耐力、爆发力等体能素质持续下降，肥胖比例迅速增多，近视率持高不下，青少年体质健康发展状况令人担忧。青少年体质健康促进是通过改善青少

---

[1] 张勇，王丽. 对全国青少年学生 1985—2000 年体质状况的比较研究 [J]. 中国体育科技，2003，39 (5)：24-26.
[2] 侯乐荣，张艺宏，秦朗，等. 我国青少年体质健康现状分析 [J]. 四川体育科学，2010 (1)：102-105.
[3] 全国教育科学规划领导小组办公室. 全国教育科学"十五"规划教育部重点课题"中国学生体质健康检测网络研究与建立"成果公报 [J]. 当代教育论坛，2008 (11)：5-7.

年的体质状况,从而达到其身心全面的协调发展。这就需要满足青少年的健康需求,调动他们参与促进的兴趣,然后将其转化为内在的动力,并付诸实践,进而具有健康体质。

青少年体质健康促进的总目标就是提高青少年体质健康水平,使其在身体形态、生理功能、运动能力及对自然环境和社会环境的适应能力方面处于良好的状态。通过体质状况的改善,使青少年具有健康的体魄、完美的人格魅力,对生活充满信心,养成良好的行为习惯。对于不同群体而言,具体目标有所不同:对于肥胖、身体弱等状况的青少年而言,体质健康促进的目标是改善其身体状况,达到提高体质健康水平的目标;对于体质健康水平处于良好状况的青少年而言,体质健康促进的目标是保持体质健康或预防亚健康状况的出现。在达成总目标的过程中,需要采取许多手段和措施,即需要完成许多分目标或具体目标,如建立健全青少年体质健康促进的政策法规,建立青少年体质健康促进模型,制订青少年体质健康促进实施计划,建立青少年体质健康数据库,建立青少年体质评价标准和监测体系,搭建青少年体质健康促进服务平台等。

2.2.2 青少年体质健康促进的要素

2.2.2.1 主体与客体

主体是指事物的主要部分,哲学上是指有认识和实践能力的人[①];客体在哲学上是指主体以外的客观事物,是主体认识和实践的对象[②]。主体和客体是一对相对的概念。

从实施的角度来看,青少年体质健康促进的主体是决策者、领导者或制定者。宏观层面是指教育部、卫生部、体育局、人力资源和社会保障局等行政部门;中观层面是指学校、社会团体、社区组织、医疗卫生单位和体质监测服务机构等部门;微观层面是指体育教师、父母、医护人员和体质监测服务工作人员等个体或群体;与之相对应的客体就是青少年,主体通过相关方法和手段对客体进行作用,实施体质健康促进。

从受试的角度来看,青少年体质健康促进的主体是青少年。实际上,青少年

[①] 中国社会科学院语言研究所词典编辑室. 现代汉语词典 [M]. 北京:商务印书馆,2005:1780.
[②] 中国社会科学院语言研究所词典编辑室. 现代汉语词典 [M]. 北京:商务印书馆,2005:775.

在健康促进的过程中担任着重要的角色。青少年体质健康促进是青少年自愿参与维护和改善自身体质健康的行为的过程，通过行政和组织形式，使青少年提高认知，主动参与活动，改善其生活方式等行为。在这个过程中，青少年的主动能动性起着重要的作用，因此提高青少年的认知能力尤为重要。这时，教育部、体育总局等行政部门，学校、社会组织等机构，体育教师、父母等个体都成了青少年体质健康促进的客体，担任着辅助青少年这一主体的角色。

可见，在青少年体质健康促进活动中，其主体和客体的角色不是固定的，而是相互转化的，因此，在实践过程中，要充分利用各自的角色，达到目标最优化。

2.2.2.2 构成要素

（1）健康教育

健康教育在青少年体质健康促进中起着关键的引领作用。健康教育的目的首先在于使青少年了解和认知健康、体质健康等的重要性及必要性，掌握相关知识和理论，使其思想上重视，产生体质健康促进的兴趣，愿意为维护和促进健康水平改变其生活方式，主动参与体育活动。同时，我们应该认识到健康教育的施教对象不仅仅包括青少年，还应该包括学校领导、父母和教师等，青少年受其父母和教师的影响非常大，如果他们足够重视体质健康，并将其灌输给青少年，会起到事半功倍的效果。

2012年，教育部、发展改革委、财政部、体育总局《关于进一步加强学校体育工作的若干意见》中明确提出，把加强青少年体育锻炼作为提高全民健康素质的基础工程，实施"学校体育三年行动计划"，确保学生锻炼时间，提高学生体质健康水平，促进学生健康成长。现阶段，对青少年进行健康教育主要在于学校，学校体育作为教育的重要组成部分，在青少年体质健康促进环节具有重要的地位。

（2）营养与膳食

人体在维持生命和各种活动时需要消耗一定的能量，所以营养是维持人体生命特征的基础，具有产生能量、调节代谢和促进成长的作用，而膳食是人体摄取营养的主要途径。青少年处在体格和智力发育的关键期，同时也是饮食习惯和生活行为形成的关键期，合理的营养对其健康成长具有重要意义，如果饮食结构不合理，营养失衡，将会导致营养问题，影响健康和成长发育①②③④。因此，合理的饮食和平衡的营养是维持并促进青少年体质健康的重要方面。

研究表明⑤⑥⑦，青少年不吃早餐、不常喝牛奶、偏食、喜好西餐快餐，高脂、高糖类食物摄取比例增大等不良生活饮食结构与其体质健康水平下降有重要关联，再加上体力活动严重不足，使能量代谢失衡，导致肥胖、高血糖等成人疾病低龄化现象表现非常明显。

青少年的饮食主要在家庭和学校，首先，要让青少年认识到合理饮食和均衡营养的重要性，以及暴饮暴食和营养失衡将对人体健康造成严重的危害；其次，学校和家庭应采取措施合理搭配营养；最后，帮助和督促青少年养成良好的饮食习惯。

（3）心理状态

心理健康是青少年在各种环境中能够保持良好的适应能力和效能的状态，健康的心理是青少年适应社会的基本条件。世界卫生组织明确提出，心理因素是影响人们身体健康的重要因素之一。研究表明⑧⑨，目前青少年出现厌学逃学等现象主要源于心理适应能力差，以及抑郁症和自杀案例的明显增多成为青少年较为突出的心理问题。青少年正处于人生观、世界观和价值观形成的关键时期，易受

---

① 许滋宁，朱湘竹，龚士斌. 启东市16所中学学生饮食及运动行为现况调查 [J]. 上海预防医学杂志，2008, 20 (7): 349-351.

② 季成叶. 儿童少年卫生学 [M]. 6版. 北京：人民卫生出版社，2005: 7-13.

③ Rampersaud G C, Pereira M A, Girard B L, et al. Breakfas habits, nutritional status, body weight, and academic performance in children and adolescents [J]. Journal of the American Dietetic Association, 2005, 105 (5): 743-760.

④ Reilly J J. Early life risk factors for obesity in childhood: cohort study [J]. BMJ, 2005, 330 (6): 1357-1359.

⑤ 赵勇，赵梅，罗建，等. 重庆市某中学初中生营养不良及肥胖影响因素分析 [J]. 中国学校卫生，2005, 26 (12): 990-991.

⑥ 彭宁宁，罗春燕，朱蔚，等. 上海市青少年健康危险行为现状浅析 [J]. 上海预防医学杂志，2003, 15 (4): 163-167.

⑦ 马军，李珊珊，王海俊，等. 五个城市体重正常和超重儿童青少年饮食行为调查 [J]. 中国学校卫生，2009, 30 (3): 201-203.

⑧ Cantwell R, Berwin J, Glazebrook C. Prevalence of substance misuse in first-episode psychosis [J]. British Journal Psychiatry, 1999 (174): 150-153.

⑨ The World Health Report. Mental health: new understanding, new hope [R]. Geneva: World Health Organization, 2001.

外界事物和不良风气的干扰。Xia 和 Qian[①]、Rena 等[②]、Stephen 等[③]、王坚杰和张洪波[④]等研究显示,家庭情况包括父母离异、父母抚养行为和经济状况,以及学校环境和社会环境等对青少年心理健康具有重要影响。

良好的心理状态是获得机体健康的重要保障,是青少年体质健康的重要前提,青少年参与体质健康促进过程需要有饱满的精神、充分的认知和坚强的意志,青少年高自我效能水平、认知能力和自我控制能力都是坚持参加体育活动的必备条件,是养成良好生活及行为习惯的关键。

(4) 体育活动

体育活动是指以身体活动为媒介,以谋求个体身心健康、全面发展为直接目的,培养完善的社会公民为终极目标的社会文化现象或教育过程,具有文明其精神、野蛮其体魄的独特功能[⑤]。尽管关于体育活动是否能够有益于健康长寿的观点仍存在争论,但是体育活动能够促进体质健康已经被许多研究证实。例如,刘一平和余道明认为[⑥],体育运动能增强体质,对生活方式疾病等具有良好的健康促进作用,是健康促进的重要途径。杨剑等研究表明[⑦],体育活动关于对青少年心理健康具有一定的促进作用,不同的体育锻炼方式对其身体自我概念、心境和心理健康能产生良好的改善作用。体育活动以身体活动为媒介,身体的骨骼、肌肉参与活动,与此同时,体育锻炼往往有利于人们发泄和缓解烦恼、紧张、压力过大等不良情绪,促进人们身心的全面发展。

2005 年,教育部、国家体育总局、卫生部等对全国 10 万名学生及 5 000 名体育教师的调查显示[⑧],学生体育锻炼不足,其中,57.5% 的学生因为怕累,

---

[①] Xia G, Qian M. The relationship of parenting style to self-reported mental health among two subcultures of Chinese [J]. Journal of Adolescents, 2001, 24 (2): 251-260.
[②] Rena L, Repetti, Shelley E. Risky families: family social environments and the mental and physical health of offspring [J]. Psychological Bulletin, 2002, 128 (2): 330-366.
[③] Stephen E, Gilman S D, Ichiro K. Family disruption in childhood and risk of adult depression [J]. American Journal of Psychiatry, 2003 (160): 939-946.
[④] 王坚杰,张洪波. 儿童青少年心理健康促进研究进展 [J]. 中国妇幼健康研究, 2006, 17 (3): 208-210.
[⑤] 鲍冠文. 体育概论 [M]. 北京: 高等教育出版社, 1995: 34.
[⑥] 刘一平,余道明. 体育运动与健康促进 [J]. 体育科学研究, 2007, 11 (4): 69-71.
[⑦] 杨剑,季浏,田石榴. 不同锻炼方式促进青少年心理健康的实验研究 [J]. 武汉体育学院学报, 2005, 39 (3): 80-83.
[⑧] 赵秀红,苗艳丽. 为何 66% 的学生锻炼不足 [N]. 中国教育报, 2006-09-19 (2).

24.0%的学生因为怕受伤；而68.9%的体育教师也认为怕累是学生不积极参加体育锻炼的主要原因。另外，学生由于学习压力大、作业过多而没有时间、家长不支持等原因无法参加体育锻炼。研究显示[1][2][3][4]，不同运动量对健康指标的改善情况不同，这就使得许多学生家长由于过分注重学生的学习，而忽视其身体健康，更没有意识到体育锻炼对其身心发育的促进作用。因此，家长在青少年体质健康促进过程中具有重要作用，如何让家长意识到体育活动的重要性，并鼓励和支持青少年参与体育锻炼将是提升青少年体质健康水平的关键。

毫无疑问，体育活动在青少年体质健康促进过程中担任着重要的角色，合理、科学的体育活动将有利于体质健康水平的提升，而青少年体育活动行为受其认知、社会环境等因素的影响，分析和讨论各因素之间的关系将是实施青少年体质健康促进的先决条件。

2.3 青少年体质健康促进的模式

青少年体质健康促进是健康促进的一部分，是指针对维护和改善青少年体质状况而采取一系列综合措施的过程。影响青少年体质健康的因素很多，如国家的政策法规、学校的体育健康教育、家庭的支持、社会环境文化及生活习惯等方面，需要结合多方面的共同作用解决青少年体质健康问题，不能仅仅依靠学校或家庭解决。因此，有必要构建学校—家庭—社区三位一体的共建模式，结合多方面和多环节的合力，以促进青少年体质健康（图2.3）。

---

[1] Kimber C, Abercrombie E, Epping J N, et al. Elevating physical activity as a public health priority: creation of the national society of physical activity practitioners in public health [J]. Journal of Physical Activity and Health, 2009, 6 (6): 677-681.

[2] 邹志春, 庄洁, 陈佩杰. 国外青少年体质与健康促进研究动态 [J]. 中国运动医学杂志, 2010, 29 (4): 485-489.

[3] Bouchard C. Physical activity and health: introduction to the dose response symposium [J]. Medicine & Science in Sports & Exercise, 2001, 33 (6): S347-S350.

[4] Kesaniemi Y K, Danforth E, Jensen M D, et al. Dose response issues concerning physical activity and health: anevidence-based symposium [J]. Medicine & Science in Sports & Exercise, 2001, 33 (6): 351-358.

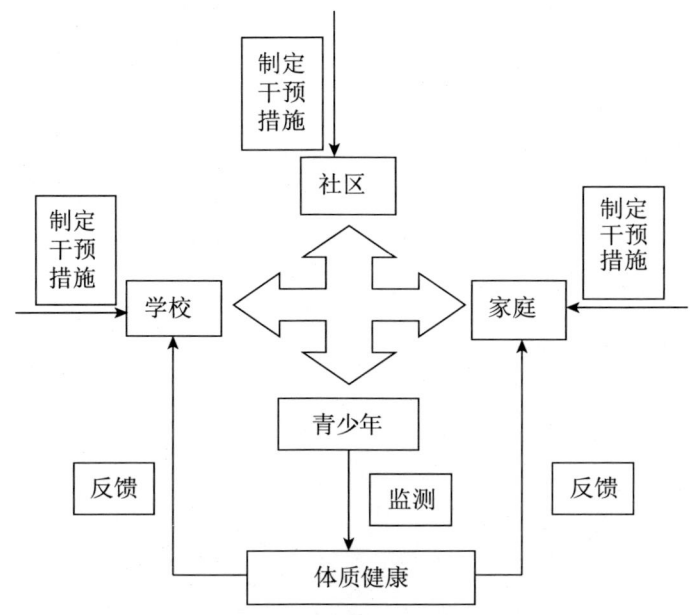

图 2.3 青少年体质健康促进学校—家庭—社区三位一体模式

由图 2.3 可以看出，从宏观上讲，青少年的生活环境主要是社会环境，包括政治、经济、文化背景等；从微观上讲，主要是学校、家庭和社区，接触的人群主要有家长、教师和同学等。青少年体质健康促进学校—家庭—社区三位一体模式的内涵主要包括：第一，该模式通过学校、家庭和社区共同维护和促进青少年体质健康；第二，学校、家庭和社区需要相互沟通和支持，学校和家长的理念及沟通对青少年体质健康促进具有重要的作用；第三，该模式是开放式的系统，家庭、学校和社会可以根据青少年的体质情况和需求，调整并修订干预措施和活动方案，持续对青少年进行干预。

2.3.1 学校层面

学校是青少年接受教育的主要场所，学生的大部分时间在学校度过，因此，学校亦是体质健康促进的有效场所。学校应该根据国家的相关政策，制定促进青少年体质健康的政策，积极贯彻"健康第一"的指导思想，并将其落到实处，对促进青少年体质健康的各个环节给予政策保障。从图 2.4 可以看出，学校对青少年体质健康促进的主要内容包括学校体育健康教育、学生体质健康档案建立、体育课程设置、课间操设置和学校环境设置等环节。

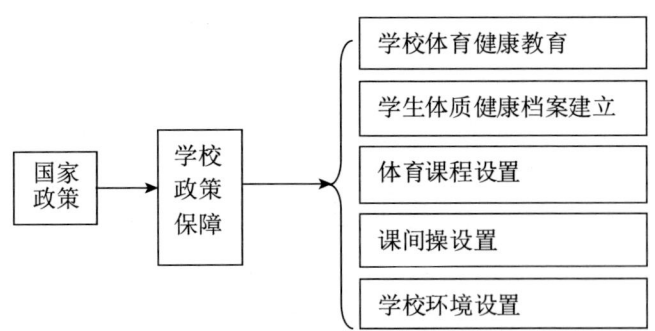

图 2.4　青少年体质健康促进学校层面的内容

首先，对学生进行健康教育，使其从意识上重视，从行动上落实。体育锻炼是增强体质的主要途径，但是有调查表明，目前人们参加体育锻炼的情况是"三多三少"：病人多，健康人少；女性多，男性少；老年人多，青年人少。可见，人们平时不愿意参加体育锻炼，更没有把体育锻炼作为生活的一部分，特别是青少年没有意识到身体健康和体育锻炼的益处。另有调查显示①，在影响青少年学生体育健康促进的诸多主观因素中，"自身惰性"占第一位（63.2%）。因此，学校应该定期对青少年进行体育健康教育，树立正确的身体健康观和终身体育观。其次，学校应该建立学生体质健康档案，按照国家要求，每年对学生进行一次体质测试，进行评价，将结果及时反馈给学生和家长。同时，建议学校为每名学生建立健康档案，就如学籍一样，将每学期的体育成绩也详细记录在内，要求学生每周对自己的健康和运动情况进行自我评价，将其收录在档案中，体育老师每学期对每位学生的体质健康情况进行评价，给予干预建议，使教师和学生共同参与。再次，进行体育课程和课间操设置。学校体育教学的重要功能之一就是促进学生体质健康，而要实现这一目标的关键环节是体育课和课间操等体育活动的组织与实施。对学生而言，在学校的体育活动主要包括体育课、课间操和大课间体育活动。教育部体育卫生与艺术教育司原司长杨贵仁在《切实加强青少年体育提高青少年体质健康水平》中提出，要认真上好体育课，切实落实学生每天 1 小时体育活动时间。落实体育活动时间是基础保障，而如何落实才是关键。这就要求学校要针对青少年学生的特点设置课程内容，设置不同的模块，如健身模块、减肥模块等供学生选择，采用多种形式开展多种活动，如举办亲子运动会等。最

---

①周丛改. 体育强国目标下青少年体质健康促进机制探讨［J］. 成都体育学院学报，2011，37（6）：33-36.

后，学校要注重环境的设置，为学生营造良好的体育锻炼氛围和环境。

2.3.2 家庭层面

家长是学生的第一任老师，在我国，家庭教育的任务就是要与学校密切配合，关注和促进青少年的健康成长。家庭在青少年体质健康促进过程中具有重要作用，研究表明，"家长有锻炼的习惯""家长陪我一起锻炼"对青少年体育健身意识和行动的影响较大。青少年体质健康促进家庭层面的主要内容是家庭健康教育、生活习惯、营养膳食和体力活动。首先，提高家长参加体育锻炼的意识，并愿意主动参加体育锻炼。其次，督促青少年养成良好的生活习惯和注意营养膳食，Sabina B. Gesell 等研究表明①，青少年体质健康水平下降与体育活动的减少、过量饮食的摄入及不良生活习惯紧密相关。最后，是体力活动方面。体力活动是指任何由骨骼肌收缩引起的导致能量消耗的身体运动，日常生活的体力活动包括工作、家务、体育运动和娱乐活动等。青少年上学和放学的交通工具及方式也是青少年体力活动的内容之一，家长应鼓励青少年参与体力活动。同时，为青少年参与体育活动提供保障，如购买运动服装、器材等。

2.3.3 社区层面

青少年除了学校和家庭，活动最多的场所就是社区，因此，社区成为青少年业余生活的主要场所。随着人们物质、文化、生活水平的不断提高，社区体育活动逐渐发展为体育活动的重要组成部分，也成为青少年体育活动的组成部分。青少年体质健康促进社区层面主要包括组织各类体育文化活动、成立体育俱乐部、形成浓厚的体育氛围，为青少年体育活动提供服务和保障。研究表明②，社区教育因子是影响青少年参加体育锻炼的重要因子，其中社区体育指导员、组织体育比赛、邀请专家开展体育讲座是影响青少年参加体育锻炼主要的变量。因此，社会应开展健身性、娱乐性较强的体育项目以吸引青少年参与，组织家庭成员进行健身活动趣味比赛，培养青少年养成终身体育的习惯。同时，社会应利用各种社

---

①Gesell S B. Social influences on self-reported physical activity in overweight latino children [J]. Clinical Pediatrics, 2008, 47 (8)：797-802.
②甄志平，张瑛秋，邢文华. 中国学生体质测试指标体系演进与发展研究 [J]. 北京体育大学学报，2006，29 (7)：925-927.

会资源，配备体育设施，加强场地建设，实现资源共享。

2.4 青少年体质健康促进的机制

青少年体质健康促进的机制是指，教育部、国家体育总局等行政部门，学校、家庭和社区等资源优化组合形成的一种活动模式或形态。依据管理学相关理论，本研究中青少年体质健康促进机制主要包括决策与奖励机制、管理与运行机制、服务与保障机制、评价与监测机制四个方面，它们共同构成互为补充、相互衔接、协调运行的有机整体。

2.4.1 决策与奖励机制

青少年体质健康促进机制中，决策机制具有协调各因素关系、做出重大决定、制定相关政策、提供保障的领导和协调作用，是其他各环节协调运行的关键。从系统角度看，决策机制是青少年体质健康促进的领导层。从宏观层面讲，其决策的主体是教育主管部门、学校等，他们是相关政策法规的制定者；从中观层面讲，其决策主体是家长、体育教师、体质监测人员等，他们既是相关政策的执行者，也是青少年体质健康促进的实施者；从微观层面讲，其决策的主体是青少年，青少年的意识、认知、动机和行为决策等是健康促进的内在因素，而学校领导、家长等都是健康促进的外在因素。青少年体质健康水平的提升主要在于内在因素，在于青少年个体，外在因素具有促进和保障的作用。

决策部门要注意责权利的统一，并制定相关的奖励机制，鼓励不同层次的个体或群体，使学校、家庭、社区和青少年通过物质奖励和精神奖励等方式，积极参与提高青少年体质健康的活动。例如，设立国家体质奖，表彰学生体质健康达标率最高的学校或组织；设立个人体质奖，奖励体质比较突出的青少年个体；设立个人体质进步奖，奖励体质提升水平较高的青少年个体[1]。但是需要引起我们注意的是，体质数据获得的准确性和有效性。

---

[1] 张宝强. 20世纪50年代以来美国促进学生体质健康的举措及其启示 [J]. 体育学刊, 2010, 7 (3): 52-56.

2.4.2　管理与运行机制

管理在对事物的生存、发展与运行中具有重要作用，青少年体质健康促进亦是如此。青少年体质健康促进的管理机制就是指青少年体质健康促进系统的结构及其运行机理，其本质是青少年体质健康促进系统的内在联系、功能及运行原理，是决定管理功效的核心。青少年体质健康促进系统的管理机制以青少年体质特征和成长发育的客观规律为依据，以教育部等行政部门、社区、学校等组织结构为基础，由若干子机制有机结合而成的，其形成与作用都是由系统自身决定的，是一种内在运动过程。

青少年体质健康促进系统的运行机制是指在促进青少年体质健康活动中，国家行政部门、学校、家庭、社区和个体等各组织的结构、功能及其相互关系，以及这些组织产生影响、发挥功能的作用过程和作用原理及其运行方式，是探讨青少年体质健康促进系统运行过程中各要素之间的相互关系和相互影响，协调人、财、物的合理分配，实现系统有序、高效率运行，是自我调节的机制。

在青少年体质健康促进实践中，应协调决策层和执行层之间的关系，构建学校—家庭—社区三位一体的共建模式，以学校为主导，家庭和社区为辅助，共同促进青少年体质健康，要求学校、家庭和社会相互沟通与协作，鼓励家长和孩子共同参与体育锻炼。例如，学校体育教师可以布置"体育锻炼的课外作业"，由家长监督学生在家中或社区完成，这样既可以解决在学校锻炼时间不足的问题，又可以督促家长参与其中，最终形成以学校为主导，家庭为基础，社区体育和服务为平台的三位一体的青少年体质健康促进合作网络，切实提高青少年体质健康水平。

2.4.3　服务与保障机制

服务与保障机制是青少年体质健康促进有效实施和运行的重要保障与支撑。以制度为保障确保青少年每天1小时的体育活动时间，以服务保障青少年体育锻炼的器材、场地等基础设施和教师的健身指导等，保障青少年养成良好的生活习惯，具有足够的睡眠时间，减轻学生的学习负担。首先，确立教育部、国家体育总局等行政部门的领导和主导地位。创新公共服务体系、实现基本公共服务均等化，重点在于强化政府公共服务职能，确立政府在公共服务体系中的主体地位和主导作用①。行政部门应该为青少年体质健康促进提供政策引导和支持，并提供资金保障、人力资源和信息服务。其次，充分调动和发挥学校在青少年体质健康促进中的重要作用。学校及教师等是健康促进的执行层，起着承上启下的作用，学校执行国家政策，利用师资和设施，开展各种形式的体育活动和健康讲座等，直接参与和服务于青少年体质健康促进。再次，加强社区建设，发挥社区的功效。加强社会体育活动中心、健身房和健身俱乐部建设，为青少年及家长健身提供场所保障。最后，充分发挥家庭的作用。父母在青少年体质健康促进中担当着重要角色，家长具有良好的生活习惯或积极参与体育锻炼均能影响到青少年，将有利于青少年参与体育锻炼，自觉形成良好的行为习惯。另外，青少年也需要父母的资金支持、物质和精神奖励。

2.4.4 监测与评价机制

青少年体质健康促进的监测与评价机制是指对青少年进行体质监测，对健康促进过程和结果进行评价。监测与评价机制能监督和促进决策与奖励机制、管理与运行机制、服务与保障机制的协调运行及对青少年体质健康水平的促进效果。我国自2002年起开始试行《国家学生体质健康标准》，同时，教育部建立"全国学生体质健康监测网络"，对学生体质健康状况进行监测并发布公告，这些对及时了解学生体质，采取有效措施，干预、监测和评价青少年体质健康起到重要作用。一方面，国家给予政策和资金支持，学校建立青少年体质监测中心，每年对青少年进行至少一次的体质监测，保证数据的准确性并及时公布数据信息，建立数据库，便于学校领导、家长和青少年对体质情况进行对比分析。另一方面，建立科学有效的评价机制。评价内容包括政策法规、场地设施、资金投入、体质状况等各个环节，评价主体包括国家行政部门、学校、教师、家长和青少年个体，评价方法包括过程评价和结果评价、定量与定性相结合、多方位地综合评价青少年体质健康促进的效果。最重要的是及时反馈评价结果，调整干预方案，使青少年体质健康促进可持续发展。

---

①樊炳有.体育公共服务的运行机制探讨［J］.体育与科学，2010，31（2）：25-32.

2.5 本章小结

①健康促进是个体或群体自愿参与维护或促进有利于健康的行为活动，注重个体或群体的主观能动性。健康促进包括人们健康和生活的各个方面，重在预防、促进、保持和提高健康水平，并需要来自社会各个方面的支持，是个体或群体、社会、环境等共同作用的、综合的、长期的过程。

②青少年体质健康促进是指有机结合生物、社会和心理等核心要素采取措施，促使青少年维护和改善其体质健康的过程。具体来说，青少年体质健康促进是指针对青少年身心特点，组织和协调个体、家庭和社会各部门，有机结合生物、社会和心理等要素采取一系列措施，使其生活方式、行为和社会环境向维护和促进体质健康转变的过程，其主要构成要素包括健康教育、营养与膳食、心理状态和体育活动。

③青少年体质健康促进的总目标就是提高青少年体质健康水平，使其在身体形态、生理功能、运动能力及对自然环境和社会环境的适应能力方面处于良好的状态。

④建立家庭—学校—社区三位一体的青少年体质健康促进模式，充分发挥学校、家庭和社区的相互作用，是提高青少年体质健康水平的有效模式。

⑤青少年体质健康促进系统的机制主要包括决策与奖励机制、管理与运行机制、服务与保障机制、评价与监测机制四个方面。上述四个方面共同构成互为补充、相互衔接、协调运行的有机整体，既是系统运行的保证，也是有效提高青少年体质健康水平的保障。

3 我国青少年体质健康促进模型的构建

3.1 研究目的、研究方法与模型构建的步骤

3.1.1 研究目的

本研究的目的是构建青少年体质健康促进模型，为提升我国青少年体质健康水平提供理论指导。具体而言包括：其一，分析青少年参与体育活动与体质健康之间的关系；其二，探讨青少年的个性特征、人际影响和认知因素与体育活动和体质健康之间的关系；其三，探讨青少年自我效能、知觉利益、知觉障碍、人际影响与体育活动和体质健康之间的关系。

3.1.2 研究方法

第一步，设计量表。本研究所采用的量表主要来自国外。根据需要对量表进行英汉互译，形成《我国青少年体育活动与体质健康促进调查量表》，量表的内容主要包括基本情况、体质健康测试量表、日常体育活动周志，以及体育活动自我效能量表、体育活动知觉利益量表、体育活动知觉障碍量表、体育活动社会支持量表、锻炼榜样量表、锻炼期望量表、参与体育活动干扰量表十部分（详见附录2）。

第二步，测量样本抽样、发放与回收、信度和效度检验。

本研究采用分层抽样和随机抽样的方法。首先，抽取城市，包括4个直辖市、11个省的省会城市和3个自治区的首府；其次，每个城市各抽取一所初中和高中；最后，在各学校中分别抽取初二、初三、高二和高三各25名学生，通过邮寄和现场发放的方式，向其发放与回收调查量表，共发放1 800份，回收1 608份，剔除无效应答、漏答及社会赞许度偏高的量表，共得到有效量表1 436

份，有效回收率为 79.78%（表 3.1）。

表 3.1 测量样本发放与回收情况统计

年级	性别	发放数/份	回收数/份	有效数/份	有效回收率/%
初二	男	191	168	154	80.63
	女	259	230	212	81.85
初三	男	234	221	198	84.62
	女	216	192	167	77.31
高二	男	229	213	200	87.34
	女	221	192	172	77.83
高三	男	242	221	187	77.27
	女	208	171	146	70.19
合计	—	1 800	1 608	1 436	79.78

第三步，对各量表的内容进行打包，采用 SPSS 19.0 和 Amos 16.0 进行统计分析，构建青少年体质健康促进模型并进行结构检验。

3.1.3 模型构建的步骤

根据模型构建理论，首先建立建模假说，其次进行模型识别、模型修正和模型解析，再次进行模型的修订与验证，最后形成最终模型（图 3.1）。

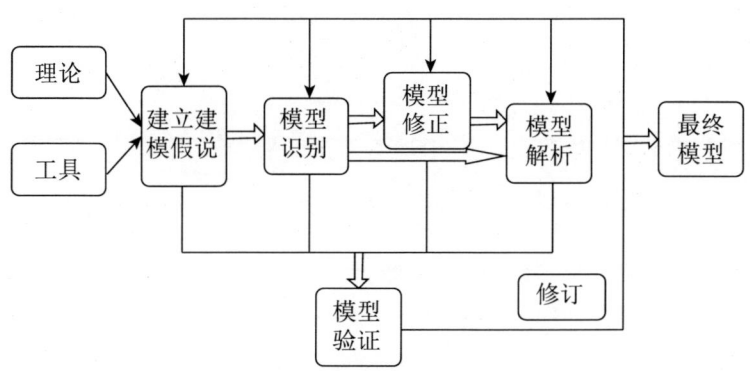

图 3.1 模型构建的步骤

3.2 研究结果

3.2.1 测量工具的语言等值性与测量等值性研究

本研究所需要的量表，除《体质健康测试量表》外，其他量表均来自国外。借用国外量表大大减轻了研究者的工作量和负担，但是，由于语言和地域文化的差异，直接引用国外量表的最大问题就是效度问题。为解决这个问题，有必要对上述量表进行等值性研究。

等值性研究主要包括语言等值性、测量等值性和功能等值性，其中，语言等值性是测量等值性的前提条件，测量等值性是功能等值性的前提条件。张力为和毛志雄认为[①]，借用国外量表的最低标准是进行往返翻译或双语双答以提高语言一致性，最高标准是具有功能等值性。本研究对所用量表主要进行语言等值性和测量等值性方面的研究。

3.2.1.1 语言等值性

张力为和毛志雄（2010）认为，语言等值性是指将某种语言表达的概念用另一种语言准确恰当地表达出来的程度。关于语言等值性方面，为使本研究所用的中文版量表的各条目能够准确地表达英文版各条目的含义，首先，特聘请一位在美国生活超过15年的运动技能学习与控制方面的教师、一位国内的英语专业教师和两位体育教育训练学专业的博士研究生，将所有英文量表翻译为中文量表；其次，请另外一位英语专业教师和体育教育训练学专业的博士研究生将中文量表翻译成英文量表，并进行对照，整理形成中文版量表；再次，从天津南开中学抽取部分中学生进行施测，并与参加测试的学生进行交流，了解学生对中文量表中各条目的了解程度；最后，请一位中文专业的教师与编者共同修改与完善，最终形成中文版量表（详见附录2）。

3.2.1.2 各量表内容与测量等值性

张力为和毛志雄认为[②]，测量等值性是指用自陈量表测得的数据在心理测量

[①]张力为，毛志雄. 体育科学常用心理量表评定手册［M］. 北京：北京体育大学出版社，2010：289-316.
[②]张力为，毛志雄. 体育科学常用心理量表评定手册［M］. 北京：北京体育大学出版社，2010：289-316.

学指标上呈现出一种可比较的模式，一般采用因素分析和相关矩阵检验来评价测量等值性。信度是指测量结果的稳定性或一致性，效度是指测量结果接近所要测量的变量的内涵的程度①。本研究主要运用因素分析来检验各量表的测量等值性，并进行内部一致性检验、内容效度和结构效度检验。

（1）个体特征

研究表明，性别和社会经济状况等个体特征直接影响着行为认知和健康促进行为。Wu Tsu-Yin 和 Pender 等研究显示②，性别直接影响着我国台湾八年级和九年级青少年参加体育活动的情况，而且女性与男性相比很少参加体育活动；父母的教育程度也直接影响着青少年参与体育活动。那么，性别、父母学历等个体特征是否与青少年参与体育活动相关，他们之间的关系如何？因此，本研究试图探讨青少年个体特征（性别和父母受教育程度）与青少年参与体育活动之间的关系。

（2）体质健康测试量表

体质健康测试量表主要根据教育部《国家学生体质健康标准》中关于初中、高中各年级学生体质健康标准评价指标选择测试项目，其中身高、体重和肺活量是必测项目，其他1 000米（男）、800米（女）和台阶试验选测一项，坐位体前屈、掷实心球、仰卧起坐（女）、引体向上（男）和握力选测一项，50米跑、立定跳远、跳绳、篮球运球、足球运球、排球垫球选测一项。采用单项评分和综合评级的方法进行等级评定。即根据受试者各单项得分之和确定等级，共分为四个等级，90分及以上为优秀、75~89分为良好、60~74分为及格、59分以下为不及格，任何一项无分者，不进行综合评级。

（3）体育活动方面量表

体育活动方面量表运用日常体育活动周志（Child/Adolescent Activity Log，CAAL），研究要求受试者通过回忆过去一周（周一到周日）所进行的体育活动来填写。根据研究需要，用青少年平均每天参加体育活动的时间来进行等级评定，青少年平均每天参加体育活动的时间＝（周一~周五的活动时间+周六和周

---

① 马庆国. 应用统计学：数理统计方法、数据获取与SPSS应用［M］. 北京：科学出版社，2005：51-55.
② Wu Tsu-Yin, Pender N. A panel study of physical activity in taiwanese youth testing the revised health-promotion model［J］. Fam Community Health，2005（28）：113-124.

日的活动时间）/7，评定等级为5分（每天平均活动时间在120分钟以上）、4分（每天平均活动时间在61~120分钟）、3分（每天平均活动时间在41~60分钟）、2分（每天平均活动时间在21~40分钟）、1分（每天平均活动时间在1~20分钟）和0分（每天平均活动时间不足1分钟）。

本书采用的量表主要根据国际青少年日常体育活动量表和Wu Tsu-Yin教授改编的台湾青少年体育活动量表，结合我国大陆实际情况进行改编。原始的日常体育活动周志包括21个体育活动条目，考虑到冰球、曲棍球、举重和摔跤等在我国青少年中开展较少，故去掉上述4个条目，另增加踢毽子、户外游戏、跳高、跳远、投掷、上下楼梯、乒乓球、广播操8个适合中国青少年的条目，最终形成包括25个条目的青少年日常体育活动周志，此量表与Wu Tsu-Yin教授设计的量表不同之处在于，将Wu Tsu-Yin教授量表中的橄榄球、呼啦圈、跳房子、捉迷藏和保龄球5个条目改为踢毽子、乒乓球、跳高、跳远和投掷。Garcia等[1]检验日常体育活动周志的信度为0.73，Garcia和Pender等[2]检验日常体育活动周志的信度为0.94，Wu Tsu-Yin等[3]检验日常体育活动周志的再测信度为0.99。

（4）与体育活动相关的认知方面量表

与青少年体育活动相关的认知方面量表主要包括体育活动自我效能量表（Perceived Self-Efficacy to Physical Activity Scale）、体育活动知觉利益量表（Perceived Benefits to Physical Activity Scale）、体育活动知觉障碍量表（Perceived Barriers to Physical Activity Scale）和参与体育活动干扰量表（Competing Demands to Physical Activity Scale）四个分量表。

①自我效能量表。自我效能是个人对其定期（经常）参与体育活动的能力的自我评价。Bandura研究表明[4][5]，高自我效能的个体比低自我效能的个体更愿

---

[1] Garcia A W, George T R, Coviak C, et al. Development of the child/adolescent activity log: a comprehensive and feasible measure of leisure-time physical activity [J]. International Journal of Behavioral Medicine, 1997 (4): 323-338.

[2] Garcia A W, Pender N J, Antonakos C, et al. Changes in physical activity beliefs and behaviors of boys and girls across the transition to junior high school [J]. Journal of Adolescent Health, 1998 (22): 394-402.

[3] Wu Tsu-Yin, Pender N. Determinants of physical activity among Taiwanese adolescents: an application of the health promotion model [J]. Research in Nursing & Health, 2002 (25): 25-36.

[4] Bandura A. Social foundations of thought and action: a social cognitive theory [M]. NJ: Prentice-Hall, 1986.

[5] Bandura A. Self-efficacy: the exercise of control [M]. New York: Freeman, 1997.

意参加体育活动。本研究的自我效能量表主要根据 Garcia 等[①]、Sallis 等[②]、Wu Tsu-Yin 和 Pender[③] 的量表改编,共有 14 个条目,主要用于评价个体对处于困难处境时是否有能力参与体育锻炼的信心。例如,"即使没有朋友或同伴一起与我参加锻炼,我也会参加锻炼,从 1(非常不确信)到 5(非常确信)"。Wu Tsu-Yin(2002)对量表检验的内部一致性系数为 0.89。

本研究对该量表进行信度检验,内部一致性系数 α = 0.853;对此量表中的 14 个条目进行因素分析,检验统计量(KMO)= 0.793,p = 0.000;采用正交旋转,抽取特征根大于 1 的因素四个,解释方差累计为 76.434%(表 3.2)。

表 3.2　与体育活动相关认知方面各量表信度(内部一致性系数)及因子分析结果

量表	条目	信度 α	提取因素	解释方差/%	KMO	p	Mean	SD
自我效能	14	0.853	4	76.434	0.793	0.000	3.225	1.796
知觉利益	12	0.885	2	69.544	0.874	0.000	3.869	1.967
知觉障碍	14	0.876	4	74.763	0.803	0.000	2.809	1.676
参与干扰	6	0.818	1	62.689	0.806	0.000	2.709	1.646

②知觉利益量表。知觉利益是对参与体育活动具有积极或促进作用的认知结果。Wu Tsu-Yin 等[④]运用知觉利益量表评价学生体育活动的知觉利益,Wu Tsu-Yin(1999)对该量表进行内部一致性检验,α = 0.89。该量表共包括 12 个条目,如"锻炼能改善我的外貌""锻炼能促进我和朋友沟通交流"等,受试者要求根据自己的情况,按照条目从"1"到"5"进行选择,其中"1"代表非常不同意,"2"代表不同意,"3"代表不确定,"4"代表同意,"5"代表非常同意。

本研究对该量表进行信度检验,内部一致性系数 α = 0.885;对此量表中的 12 个条目进行因素分析,KMO = 0.874,p = 0.000;采用正交旋转,抽取特征根

[①] Garcia A W, Norton M A, Frenn M, et al. Gender and developmental differences in exercise beliefs among youth and prediction of their exercise behavior [J]. Journal of School Health, 1995(65):213-219.

[②] Sallis J F, Pinksi R B, Grossman R M, et al. The development of self-efficacy scales for health related diet and exercise behaviors [J]. Health Education Research, 1998(3):283-292.

[③] Wu Tsu-Yin, Pender N. Determinants of physical activity among Taiwanese adolescents: an application of the health promotion model [J]. Research in Bursing & Health, 2002(25):25-36.

[④] Wu Tsu-Yin. Determinants of physical activity among Taiwanese adolescents: an application of the health promotion model [D]. The University of Michigan, 1999:71-72.

大于 1 的因素 2 个，解释方差累计为 69.544%（表 3.2）。

③知觉障碍量表。知觉障碍是指影响个体自觉参加体育活动的因素。该量表多与知觉利益量表一起使用，调查学生或青少年体育活动知觉利益或知觉障碍。该量表共包括 14 个条目，如"我没有时间锻炼""父母不同意我锻炼"等，受试者要求根据自己的情况，按条目从"1"到"5"进行选择，其中"1"代表非常不同意，"2"代表不同意，"3"代表不确定，"4"代表同意，"5"代表非常同意。

Wu Tsu-Yin[①]对知觉障碍量表进行内部一致性检验，$\alpha = 0.83$。本研究对该量表进行信度检验，内部一致性系数 $\alpha = 0.876$；对此量表中的 14 个条目进行因素分析，$KMO = 0.803$，$p = 0.000$；采用正交旋转，抽取特征根大于 1 的因素 4 个，解释方差累计为 74.763%（表 3.2）。

④参与体育活动干扰量表。参与体育活动干扰是指个体在进行体育活动之前干扰其参与锻炼的行为，通常指被其他无法控制的事情干扰而不能参与锻炼。该量表共 6 个条目，如"我必须帮父母处理家庭事务""我必须回家准备考试"等，要求受试者根据自己的情况，按条目从"1"到"5"进行选择，其中"1"代表非常不同意，"2"代表不同意，"3"代表不确定，"4"代表同意，"5"代表非常同意。

Wu Tsu-Yin[②]对知觉障碍量表进行内部一致性检验，$\alpha = 0.85$。本研究对该量表进行信度检验，内部一致性系数 $\alpha = 0.818$；对量表中的 6 个条目进行因素分析，$KMO = 0.806$，$p = 0.000$；采用正交旋转，抽取特征根大于 1 的因素 1 个，解释方差累计为 62.689%（表 3.2）。

由表 3.2 可以看出，自我效能、知觉利益、知觉障碍和参与干扰各量表内部一致性系数均在 0.8 以上，信度均较高，可以接受，说明各中文版的量表能够反映所测的内容，与英文量表的内容与结构相符，可以用于测试。KMO 值为 0.793～0.874，说明上述各因素适合做因子分析。

（5）人际影响方面量表

与青少年体育活动相关的人际影响方面量表主要包括体育活动社会支持量表

[①] Wu Tsu-Yin. Determinants of physical activity among taiwanese adolescents: an application of the health promotion model [D]. The University of Michigan, 1999: 71-72.

[②] Wu Tsu-Yin. Determinants of physical activity among taiwanese adolescents: an application of the health promotion model [D]. The University of Michigan, 1999: 77.

(Social Support toward Phiscal Activity Scale)、锻炼榜样量表(Exercise Role Models Scale)和锻炼期望量表(Exercise Norms Scale)三个量表。这三个量表均根据 Garcia 等[①]、Wu Tsu-Yin 和 Pender[②]所用量表改编,Garcia 等[③]对社会支持量表、锻炼榜样量表和锻炼期望量表三个量表进行再测信度分别为 0.82、0.84 和 0.76。

①社会支持量表。社会支持是指他人提供的能够持续进行体育活动的行为或情感鼓励。该量表包括父母(父亲或母亲)和同伴(同学或朋友)对个体进行体育锻炼的支持程度,各包括 11 个条目和 8 个条目。前者如"带我去锻炼"、"给我买锻炼器材或帮我加入健身会员";后者如"鼓励我参与锻炼""抱怨我花费时间锻炼"。要求受试者根据实际情况,从"1"到"5"进行选择,其中"1"代表根本没有,"2"代表几乎没有,"3"代表有些,"4"代表经常,"5"代表总是。

本研究对该量表进行信度检验,内部一致性系数 $\alpha=0.907$;对量表中的 19 个条目进行因素分析,$KMO=0.824$,$p=0.000$;采用正交旋转,抽取特征根大于 1 的因素 2 个,解释方差累计为 69.093%(表 3.3)。

表 3.3 人际影响各量表信度(内部一致性系数)及因子分析统计结果

量表	条目	信度 α	提取因素	解释方差/%	KMO	p	Mean	SD
社会支持	19	0.907	2	69.093	0.824	0.000	2.892	1.701
锻炼榜样	3	0.635	2	73.264	0.571	0.000	2.877	1.696
锻炼期望	6	0.792	2	66.537	0.686	0.000	3.14	1.772

②锻炼榜样量表。锻炼榜样主要指父母(父亲或母亲)和同伴(同学或朋友)等从事不同程度的体育活动对个体参与体育活动的影响情况。该量表主要包括 3 个条目,如"参与低等强度的锻炼(保龄球、慢走等)",要求受试者根据实际情况,从"1"到"5"进行选择,其中"1"代表根本没有,"2"代表几乎没有,"3"代表有些,"4"代表经常,"5"代表总是。

[①] Garcia A W, Norton M A, Frenn M, et al. Gender and developmental differences in exercise beliefs among youth and prediction of their exercise behavior [J]. Journal of School Health, 1995 (65): 213–219.

[②] Wu Tsu-Yin, Pender N. Determinants of physical activity among Taiwanese adolescents: an application of the health promotion model [J]. Research in Nursing & Health, 2002 (25): 25–36.

[③] Garcia A W, Pender N J, Antonakos C, et al. Changes in physical activity beliefs and behaviors of boys and girls across the transition to junior high school [J]. Journal of Adolescent Health, 1998 (22): 394–402.

本研究对该量表进行信度检验，内部一致性系数 $\alpha=0.635$；对量表中的 3 个条目进行因素分析，$KMO=0.571$，$p=0.000$；采用正交旋转，抽取特征根大于 1 的因素 2 个，解释方差累计为 73.264%（表 3.3）。

③锻炼期望量表。锻炼期望主要指父母、兄弟姐妹和亲戚朋友等对学生参与体育锻炼的期望情况，包括是否出汗、心跳加快等。该量表包括 6 个条目，有父母、兄弟姐妹、亲戚、朋友、体育教师和其他任课教师。要求受试者根据实际情况，从"1"到"5"进行选择，其中"1"代表根本没有，"2"代表几乎没有，"3"代表有些，"4"代表有一些，"5"代表很多。

本研究对该量表进行信度检验，内部一致性系数 $\alpha=0.792$；对量表中的 6 个条目进行因素分析，$KMO=0.686$，$p=0.000$；采用正交旋转，抽取特征根大于 1 的因素 2 个，解释方差累计为 66.537%（表 3.3）。

由表 3.3 可以看出，社会支持量表和锻炼期望量表内部一致性系数分别为 0.907 和 0.792，信度较高，可以接受；锻炼榜样量表内部一致性系数为 0.635，基本可以接受，可能与量表条目较少有关；说明人际影响各中文版量表能够反映所测的内容，与英文量表的内容与结构相符，可以用于测试。社会支持因子分析 KMO 值为 0.824，适合做因子分析，而锻炼榜样和锻炼期望 KMO 值分别为 0.571 和 0.686，不适合做因子分析。

3.2.2　青少年体质健康促进模型各变量的描述性分析

3.2.2.1　青少年个性特征的描述性分析

参与本次调查研究的 1 436 名青少年主要为初中生和高中生（表 3.4），年龄分布在 13~19 岁（15.33±3.382），平均年龄为 15.33 岁；初二学生占 27.58%（396 人）、初三学生占 31.48%（452 人）、高二学生占 25.91%（372 人）、高三学生占 15.04%（216 人）；男生 788 人，占 54.87%，女生 648 人，占 45.13%；校队队员占 17.83%，非校队队员占 82.17%；独生子女有 1 220 人，占 84.96%，非独生子女有 216 人，占 15.04%。可见，参加者在性别、年级等变量的分布基本平衡。

表 3.4 参与研究的青少年的基本情况统计 ($N=1\,436$)

	性别		年级				校队		独生子女	
	男	女	初二	初三	高二	高三	是	否	是	否
人数/人	788	648	396	452	372	216	256	1 180	1 220	216
比例/%	54.87	45.13	27.58	31.48	25.91	15.04	17.83	82.17	84.96	15.04

从图 3.2 可以看出青少年父母的文化情况，父亲和母亲高中及以下学历分别占 27.02% 和 31.20%，中专占 10.03% 和 12.81%，大专占 16.43% 和 15.60%，本科占 34.27% 和 30.37%，研究生占 12.26% 和 10.03%。由此可以看出，父亲的整体文化程度高于母亲的文化程度。需要说明的是，本研究中单亲家庭或父母不在的青少年不在统计分析之列，因为构建模型过程需要探讨父母对其参与体育锻炼和体质健康的影响，而且不能有缺失数据，故删除单亲家庭和父母不在的青少年的相关数据。

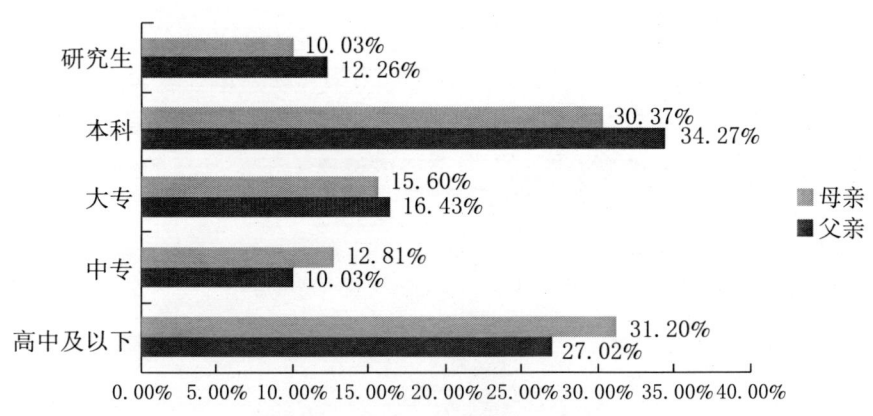

图 3.2 青少年父母的文化程度

3.2.2.2 青少年体质健康状况的描述性分析

根据《国家学生体质健康标准（2014 年修订）》采用单项评分和综合评分的方法对青少年体质状况进行等级评定，测试项目与权重如表 3.5 所示。其中，男生测试项目主要包括身高标准体重、肺活量体重指数两个必测项目和 1 000 米（或台阶试验）、坐位体前屈（或引体向上）、50 米（或立定跳远）；女生测试项目包括身高标准体重、肺活量体重指数两个必测项目和 800 米、仰卧起坐、50 米

（或立定跳远）。根据单项得分和权重，得出每位学生的体质健康最后得分，并确定等级，其中，90分及以上为优秀，75~89分为良好，60~74分为及格，59分及以下为不及格。

表3.5 青少年体质健康标准测试项目与权重

序号	测试项目	权重	备注
1	身高标准体重	0.1	必测
2	肺活量体重指数	0.2	必测
3	1 000米（男）、800米（女）、台阶试验	0.3	选测一项
4	坐位体前屈、仰卧起坐（女）、引体向上（男）	0.2	选测一项
5	50米、立定跳远	0.2	选测一项

资料来源：根据国家体育总局《国家学生体质健康标准解读》（2007）整理。

从图3.3可以看出，青少年体质健康状况优秀仅占1.95%，良好占30.64%，及格占51.53%，不及格占15.88%。而在调查中，27.88%的青少年认为自己的健康状况非常好，49.58%的认为良好，20.33%的认为一般，1.95%的认为不好，0.56%的认为非常不好。这说明青少年对健康状况的自我判断与实际情况不完全符合，大部分青少年自我感觉良好，对自己的健康给予了过高的评价，但实际情况并非如此，这也是青少年锻炼意识淡薄的原因之一。

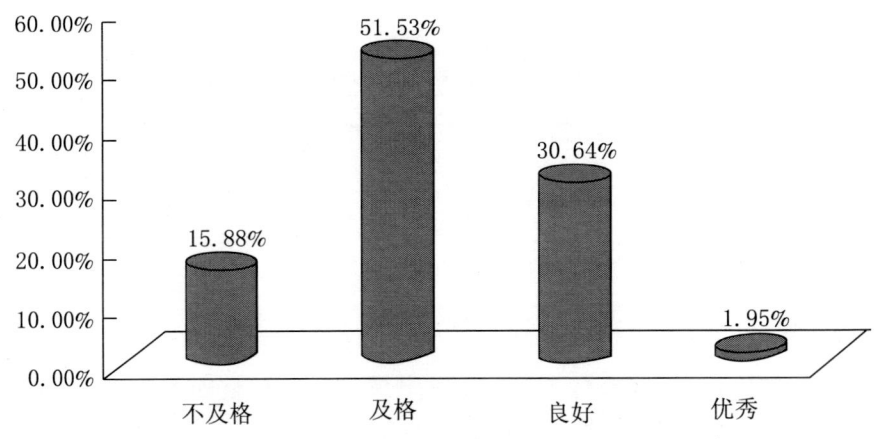

图3.3 青少年体质健康综合评定等级情况

3.2.2.3 青少年体育活动的描述性分析

图3.4是青少年参与体育活动时间情况统计,从周一~周日的整体情况来看,周一~周五的活动情况好于周六和周日;青少年每天不参与体育活动的占12.50%,每天活动时间不足1小时的占52.10%,每天活动时间在1~2小时的占27.30%,2小时及以上的占8.1%。2006年的《教育部、国家体育总局、共青团中央关于开展全国亿万学生阳光体育运动的通知》提出,要用3年的时间让85%以上的学生能够做到每天锻炼1小时。可是目前青少年每天锻炼不足1小时的占64.60%,只有35.40%的青少年每天锻炼达到1小时。因此,如何确保青少年参与体育活动是我们工作的关键环节,也是提高青少年体质健康状况的重点和难点。

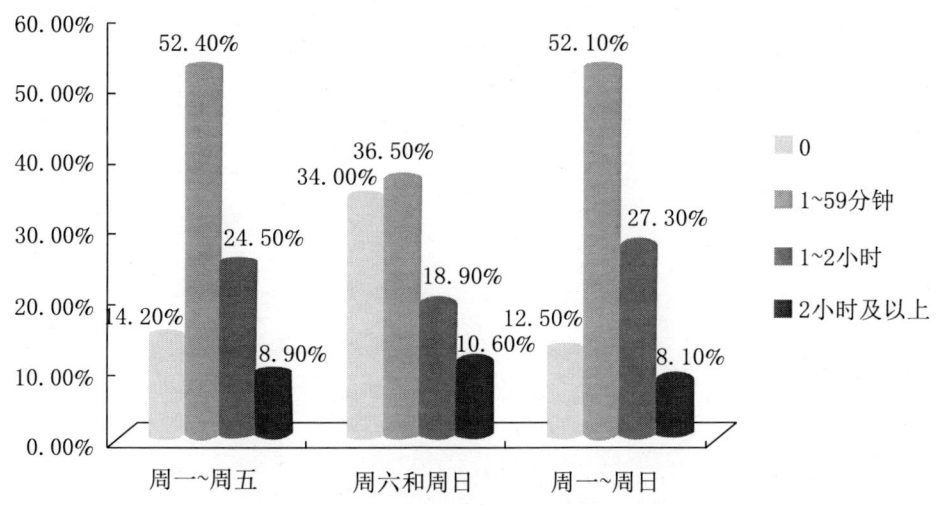

图3.4 青少年参与体育活动时间情况统计

从表3.6可以看出,第一,青少年参与体育项目排在前十位的分别是跑步、广播操、骑自行车、体操、篮球、羽毛球、跳绳、户外游戏、游泳和足球;第二,参与比例超过50%的只有跑步和广播操,这两项参与比例高的原因可能在于,跑步和广播操是学校大课间的主要活动内容,故学生参与程度较高;第三,骑自行车占到37.60%,可能是由于许多学生骑自行车上学。另外,调查发现,大部分学生参与体育活动的组织形式主要是学校组织。这说明学校是青少年体质健康促进的关键环节,而家庭和社区是薄弱环节,也是我们今后工作的重点。

表3.6 青少年参与不同体育项目情况统计

序号	项目	参与	活动时间（周一~周日）			
			0	<1小时	1~2小时	≥2小时
1	跑步	66.60%	38.70%	34.50%	16.70%	10.00%
2	广播操	63.00%	41.20%	30.90%	14.20%	13.60%
3	骑自行车	37.60%	65.70%	13.40%	10.30%	10.30%
4	体操	35.90%	66.90%	26.20%	4.70%	2.20%
5	篮球	35.70%	63.20%	12.50%	11.10%	13.10%
6	羽毛球	32.90%	69.60%	12.30%	8.90%	9.20%
7	跳绳	31.20%	71.60%	25.60%	2.80%	0.00%
8	户外游戏	26.70%	77.40%	11.40%	6.40%	4.70%
9	游泳	20.60%	81.90%	4.70%	6.10%	7.20%
10	足球	19.80%	80.80%	8.60%	4.20%	6.40%
11	跳远	15.30%	85.80%	12.50%	1.40%	0.30%
12	乒乓球	13.40%	87.50%	5.80%	4.70%	1.90%
13	投掷	13.40%	88.60%	10.30%	1.10%	0.00%
14	排球	12.30%	89.40%	7.80%	2.20%	0.60%
15	健身操	9.70%	90.50%	5.30%	2.80%	1.40%
16	轮滑旱冰	9.50%	91.10%	2.80%	3.90%	2.20%
17	踢毽子	9.50%	91.40%	8.40%	0.30%	0.00%
18	舞蹈	8.60%	91.60%	4.50%	2.80%	1.10%
19	武术	6.70%	94.40%	3.30%	1.10%	1.40%
20	跳高	6.70%	93.90%	5.00%	1.10%	0.00%
21	手球	3.30%	96.70%	0.00%	0.00%	0.00%

3.2.3 青少年体质健康促进模型各变量的相关关系

根据皮尔森相关系数分析表明，各变量之间的相关程度不一致。由表3.7可以看出，第一，体质健康与体育活动之间的相关性较高，$R=0.78$（$p<0.01$）；第二，在个性特征因素中，性别与体质健康呈正相关，$R=0.16$（$p<0.01$），父

母文化与体质健康相关关系不明显；第三，在与体育活动相关的认知因素中，自我效能、知觉利益和知觉障碍均与体质健康存在显著相关，其中，自我效能、知觉利益与体质健康呈正相关，自我效能与体质健康的相关系数为 0.74（$p<0.01$），知觉利益与体质健康的相关系数为 0.55（$p<0.01$），知觉障碍与体质健康呈负相关，相关系数为 -0.27（$p<0.01$）；第四，在人际关系的影响方面，社会支持、锻炼榜样和锻炼期望均与体质健康呈显著相关，其中社会支持和锻炼榜样与体质健康的相关程度较高，分别为 0.68（$p<0.01$）和 0.53（$p<0.01$），而锻炼期望与体质健康的相关程度相对较低，为 0.31（$p<0.01$）；第五，自我效能、知觉利益和知觉障碍均与体育活动存在显著相关，其中，自我效能、知觉利益与体育活动呈正相关，相关系数分别为 0.70（$p<0.01$）和 0.49（$p<0.01$），知觉障碍与体育活动呈负相关，相关系数为 -0.27（$p<0.01$）；社会支持、锻炼榜样和锻炼期望均与体育活动呈显著相关，其中社会支持和锻炼榜样与体育活动的相关程度较高，分别为 0.61（$p<0.01$）和 0.46（$p<0.01$），而锻炼期望与体育活动的相关程度相对较低，为 0.31（$p<0.01$）。该研究结果与吴姿莹在《青少年身体活动及其与人际关系、认知各项和当时行为竞争需求之关系分析：健康促进模式之应用》一文中[①]，人际关系的影响和身体活动的相关性不及认知各项与身体活动的相关性的研究结果基本一致。

表 3.7　各变量平均值、标准差及皮尔森相关系数统计（$N=1\,436$）

变量	体质健康	体育活动	性别	父母文化	自我效能	知觉利益	知觉障碍	社会支持	锻炼榜样	锻炼期望	参与干扰
体质健康	1.00										
体育活动	0.78*	1.00									
性别	0.16*	0.20**	1.00								
父母文化	0.10	0.03	-0.06	1.00							
自我效能	0.74*	0.70**	0.16**	0.05	1.00						
知觉利益	0.55*	0.49**	0.10	-0.01	0.46**	1.00					
知觉障碍	—	—	-0.02	-0.12*	—	—	1.00				

[①] 吴姿莹，卓俊伶，冯木兰. 青少年身体活动及其与人际关系、认知各项和当时行为竞争需求之关系分析：健康促进模式之应用 [J]. 大学体育教育学刊，2001（3）：39-53.

续表

变量	体质健康	体育活动	性别	父母文化	自我效能	知觉利益	知觉障碍	社会支持	锻炼榜样	锻炼期望	参与干扰
社会支持	0.68*	0.61**	0.16**	0.05	0.56**	0.38**	—	1.00			
锻炼榜样	0.53*	0.46**	0.16**	0.02	0.44**	0.26**	—	0.42**	1.00		
锻炼期望	0.31*	0.31**	0.03	−0.06	0.30**	0.18**	—	0.29**	0.29**	1.00	
参与干扰	—	—	0.00	−0.02	—	—	0.05	—	−0.08	0.03	1.00
Mean	72.13	344.54	1.45	2.82	3.15	3.79	2.87	2.74	2.79	3.05	2.73
SD	13.87	256.63	0.50	1.35	0.67	0.64	0.65	0.73	0.77	0.85	0.87
Range	0~100	0~840	1~2	1~5	1~5	1~5	1~5	1~5	1~5	1~5	1~5

注：** 表示 $p<0.01$；* 表示 $p<0.05$。

3.2.3.1 验证假说一：体育活动参与多的青少年体质健康状况好于参与体育活动少的青少年

根据自变量体育活动进行分组，将高于均值（344.54）的定为高组，等于或低于均值的定为低组。运用 SPSS 19.0 软件，通过独立样本 t 检验来检验高组和低组之间体育活动与体质健康之间的关系。见表 3.8，体育活动水平高组青少年体质健康 Mean = 83.32，SD = 3.71；低组的 Mean = 64.46，SD = 13.05。F = 96.467，$p=0.000$，由于 $p<0.05$，方差不齐性；t 检验结果显示，df = 259.79，$t=-19.95$，$p=0.000<0.05$，拒绝 t 检验的零假设，可认为两组青少年体质健康状况具有显著差异。

表 3.8 体育活动对体质健康影响的独立样本 t 检验结果（$N=1\,436$）

自变量	分组	N	Mean	SD	t	df	P^*	F	p
体育活动	低组	752	64.46	13.05	−19.95	259.79	0.000	96.467	0.000
	高组	684	83.32	3.71					

注：P^* 为 2-tailed。

3.2.3.2 验证假说二：具有高自我效能、高知觉利益和低知觉障碍的青少年比具有相反认知者更可能参与体育活动，体质健康状况好

根据自变量自我效能、知觉利益和知觉障碍等认知因素分别进行分组，分别

将自我效能高于均值（3.15）的定为自我效能高组，等于或低于均值的定为自我效能低组；将知觉利益高于均值（3.79）的定为知觉利益高组，等于或低于均值的定为知觉利益低组；将知觉障碍高于均值（2.87）的定为知觉障碍高组，等于或低于均值的定为知觉障碍低组。运用 SPSS 19.0 软件，通过独立样本 t 检验分别检验高组和低组之间自我效能、知觉利益和知觉障碍与体育活动和体质健康之间的关系。

如表 3.9 所示，自我效能水平高组青少年体育活动 Mean = 503.51，SD = 247.93；低组的 Mean = 199.95，SD = 161.48。F = 118.302，p = 0.000，由于 p < 0.05，方差不齐性；t 检验结果显示，df = 287.57，t = −13.60，p = 0.000 < 0.05，拒绝 t 检验的零假设，可认为两组青少年参与体育活动水平具有显著差异。

知觉利益水平高组青少年体育活动 Mean = 442.73，SD = 263.01；低组的 Mean = 229.09，SD = 193.77。F = 108.771，p = 0.000，由于 p < 0.05，方差不齐性；t 检验结果显示，df = 350.13，t = −8.84，p = 0.000 < 0.05，拒绝 t 检验的零假设，可认为两组青少年体育活动水平具有显著差异。

知觉障碍水平高组青少年体育活动 Mean = 275.86，SD = 215.17；低组的 Mean = 405.63，SD = 275.00。F = 56.828，p = 0.000，由于 p < 0.05，方差不齐性；t 检验结果显示，df = 357.00，t = 5.01，p = 0.000 < 0.05，拒绝 t 检验的零假设，可认为两组青少年体育活动水平具有显著差异。

表 3.9　自我效能、知觉利益、知觉障碍对体育活动影响的独立样本 t 检验结果（N = 1 436）

自变量	分组	N	Mean	SD	t	df	P^*	F	p
自我效能	低组	742	199.95	161.48	−13.60	287.57	0.000	118.302	0.000
	高组	694	503.51	247.93					
知觉利益	低组	680	229.09	193.77	−8.84	350.13	0.000	108.771	0.000
	高组	756	442.73	263.01					
知觉障碍	低组	760	405.63	275.00	5.01	357.00	0.000	56.828	0.000
	高组	676	275.86	215.17					

注：P^* 为 2-tailed。

如表 3.10 所示，自我效能水平高组青少年体质健康 Mean = 80.27，SD = 8.27；低组的 Mean = 64.73，SD = 13.81。F = 38.574，p = 0.000，由于 p < 0.05，

方差不齐性；t 检验结果显示，df = 310.46，$t = -13.07$，$p = 0.000 < 0.05$，拒绝 t 检验的零假设，可认为两组青少年体质健康状况具有显著差异。

知觉利益水平高组青少年体质健康 Mean = 77.93，SD = 10.53；低组的 Mean = 65.32，SD = 14.26。$F = 14.164$，$p = 0.000$，由于 $p < 0.05$，方差不齐性；t 检验结果显示，df = 297.01，$t = -9.39$，$p = 0.000 < 0.05$，拒绝 t 检验的零假设，可认为两组青少年体质健康状况具有显著差异。

知觉障碍水平高组青少年体质健康 Mean = 69.77，SD = 14.74；低组的 Mean = 75.23，SD = 12.01。$F = 6.343$，$p = 0.012$，由于 $p < 0.05$，方差不齐性；t 检验结果显示，df = 312.63，$t = 4.60$，$p = 0.000 < 0.05$，拒绝 t 检验的零假设，可认为两组青少年体质健康状况具有显著差异。

表 3.10　自我效能、知觉利益、知觉障碍对体质健康影响的独立样本 t 检验结果（$N = 1\ 436$）

自变量	分组	N	Mean	SD	t	df	P^*	F	p
自我效能	低组	742	64.73	13.81	-13.07	310.46	0.000	38.574	0.000
	高组	694	80.27	8.27					
知觉利益	低组	680	65.32	14.26	-9.39	297.01	0.000	14.164	0.000
	高组	756	77.93	10.53					
知觉障碍	低组	660	75.23	12.01	4.60	312.63	0.000	6.343	0.012
	高组	776	69.77	14.74					

注：P^* 为 2-tailed。

3.2.3.3　验证假说三：获得较多社会支持、锻炼榜样和锻炼期望的青少年比获得较少正面影响的青少年更可能参与体育活动，体质健康状况好

根据自变量社会支持、锻炼榜样和锻炼期望等人际影响因素分别进行分组，分别将社会支持高于均值（2.74）的定为社会支持高组，等于或低于均值的定为社会支持低组；将榜样高于均值（2.79）的定为榜样高组，等于或低于均值的定为榜样低组；将期望高于均值（3.05）的定为期望高组，等于或低于均值的定为期望低组。运用 SPSS 19.0 软件，通过独立样本 t 检验分别检验高组和低组之间社会支持、榜样和期望与体育活动和体质健康之间的关系。

如表 3.11 所示，社会支持水平高组青少年体育活动 Mean = 468.07，SD = 257.09；低组的 Mean = 238.29，SD = 203.61。$F = 67.266$，$p = 0.000$，由于 $p <$

0.05，方差不齐性；t 检验结果显示，df = 312.81，$t = -9.28$，$p = 0.000 < 0.05$，拒绝 t 检验的零假设，可认为两组青少年参与体育活动水平具有显著差异。

锻炼榜样水平高组青少年体育活动 Mean = 411.43，SD = 259.46；低组的 Mean = 264.11，SD = 229.32。$F = 29.359$，$p = 0.000$，由于 $p < 0.05$，方差不齐性；t 检验结果显示，df = 355.66，$t = -5.71$，$p = 0.000 < 0.05$，拒绝 t 检验的零假设，可认为两组青少年体育活动水平具有显著差异。

表 3.11 社会支持、锻炼榜样、锻炼期望对体育活动影响的独立样本 t 检验结果（$N = 1\,436$）

自变量	分组	N	Mean	SD	t	df	P^*	F	p
社会支持	低组	772	238.29	203.61	-9.28	312.81	0.000	67.266	0.000
	高组	664	468.07	257.09					
锻炼榜样	低组	652	264.11	229.32	-5.71	355.66	0.000	29.359	0.000
	高组	784	411.43	259.46					
锻炼期望	低组	784	290.36	223.21	-4.41	308.00	0.000	41.917	0.000
	高组	652	409.69	278.83					

注：P^* 为 2-tailed。

锻炼期望水平高组青少年体育活动 Mean = 409.69，SD = 278.83；低组的 Mean = 290.36，SD = 223.21。$F = 41.917$，$p = 0.000$，由于 $p < 0.05$，方差不齐性；t 检验结果显示，df = 308.00，$t = -4.41$，$p = 0.000 < 0.05$，拒绝 t 检验的零假设，可认为两组青少年体育活动水平具有显著差异。

如表 3.12 所示，社会支持水平高组青少年体质健康 Mean = 79.10，SD = 8.14；低组的 Mean = 66.14，SD = 14.97。$F = 45.435$，$p = 0.000$，由于 $p < 0.05$，方差不齐性；t 检验结果显示，df = 304.88，$t = -10.37$，$p = 0.000 < 0.05$，拒绝 t 检验的零假设，可认为两组青少年参与体育活动水平具有显著差异。

表 3.12 社会支持、锻炼榜样、锻炼期望对体质健康影响的独立样本 t 检验结果（$N = 1\,436$）

自变量	分组	N	Mean	SD	t	df	P^*	F	p
社会支持	低组	772	66.14	14.97	-10.37	304.88	0.000	45.435	0.000
	高组	664	79.10	8.14					

续表

自变量	分组	N	Mean	SD	t	df	P^*	F	p
锻炼榜样	低组	652	67.08	16.39	-6.37	249.95	0.000	45.699	0.000
	高组	784	76.33	9.55					
锻炼期望	低组	784	70.06	14.57	-3.14	357.00	0.002	1.379	0.241
	高组	652	74.62	12.59					

注：P^*为2-tailed。

锻炼榜样水平高组青少年体育活动 Mean = 76.33，SD = 9.55；低组的 Mean = 67.08，SD = 16.39。F = 45.699，p = 0.000，由于p<0.05，方差不齐性；t检验结果显示，df = 249.95，t = -6.37，p = 0.000 <0.05，拒绝t检验的零假设，可认为两组青少年体质健康状况具有显著差异。

锻炼期望水平高组青少年体育活动 Mean = 74.62，SD = 12.59；低组的 Mean = 70.06，SD = 14.57。F = 1.379，p = 0.241，由于p>0.05，方差齐性；t检验结果显示，df = 357.00，t = -3.14，p = 0.002 <0.05，拒绝t检验的零假设，可认为两组青少年体质健康状况具有显著差异。

为进一步探讨父母和同伴对体育活动提供不同社会支持、锻炼榜样和锻炼期望的青少年体育活动的差别，分别根据各自自变量均值分为高组和低组，进行t检验。

从表3.13可以看出，从父母身上获得较多社会支持的青少年，具有较高的体育活动水平（Mean = 458.18，SD = 253.09），t检验结果显示，t = -9.09，p = 0.00<0.05，具有显著差异；虽然从同伴身上获得较多社会支持的青少年，也具有较高的体育活动水平（Mean = 363.69，SD = 273.14），但是，t检验结果显示，t = 1.41，p = 0.159>0.05，不具有显著差异。说明从父母那获得社会支持的两组青少年体育活动水平具有显著差异，而从同伴那获得社会支持的两组青少年体育活动水平不具有显著性差异。

表3.13　父母和同伴对体育活动提供社会支持的独立样本t检验结果（N=1 436）

社会支持	分组	N	Mean	SD	t	df	P^*	F	p
父母	低组	732	235.25	208.47	-9.09	339.08	0.00	62.384	0.00
	高组	704	458.18	253.09					

3 我国青少年体质健康促进模型的构建

续表

社会支持	分组	N	Mean	SD	t	df	P^*	F	p
同伴	低组	752	325.50	238.33	1.41	357.00	0.159	15.298	0.00
	高组	684	363.69	273.14					

注：P^* 为 2-tailed。

从表 3.14 可以看出，具有较多父母和同伴榜样的青少年，均具有较高的体育活动水平（$Mean = 408.88$，$SD = 261.73$；$Mean = 408.68$，$SD = 257.98$），t 检验结果显示，t 值分别为 -4.61，$p = 0.000 < 0.05$ 和 -4.52，$p = 0.000 < 0.05$，均具有显著差异。说明以父母为榜样的两组青少年体育活动水平具有显著差异，以同伴为榜样的两组青少年体育活动水平亦具有显著差异。

表 3.14 父母和同伴对体育活动提供榜样的独立样本 t 检验结果（$N = 1\,436$）

榜样	分组	N	Mean	SD	t	df	P^*	F	p
父母	低组	756	286.67	238.16	−4.61	343.30	0.00	16.734	0.00
	高组	680	408.88	261.73					
同伴	低组	768	288.75	242.65	−4.52	343.16	0.00	12.759	0.00
	高组	668	408.68	257.98					

注：P^* 为 2-tailed。

3.2.3.4 验证假说四：有较少参与干扰的青少年比较多干扰的青少年更可能参与体育活动，体质健康状况好

根据自变量参与干扰进行分组，将高于均值（2.73）的定为高组，等于或低于均值的定为低组。运用 SPSS 19.0 软件，通过独立样本 t 检验来检验高组和低组之间体育活动参与干扰与体育活动和体质健康之间的关系。

如表 3.15 所示，体育活动参与干扰水平高组青少年体质健康 $Mean = 324.71$，$SD = 244.20$；低组的 $Mean = 386.97$，$SD = 263.87$。$F = 3.287$，$p = 0.129$，由于 $p > 0.05$，方差齐性；t 检验结果显示，$df = 317.62$，$t = 1.53$，$p = 0.129 > 0.005$，接受 t 检验的零假设，认为两组青少年体育活动水平不具有显著差异。

表 3.15　参与干扰对体育活动影响的独立样本 t 检验结果（$N=1\,436$）

自变量	分组	N	Mean	SD	t	df	P^*	F	p
参与干扰	低组	660	386.97	263.87	1.53	317.62	0.129	3.287	0.129
	高组	776	324.71	244.20					

注：P^* 为 2-tailed。

如表 3.16 所示，体育活动参与干扰水平高组青少年体质健康 Mean＝74.68，SD＝10.73；低组的 Mean＝75.65，SD＝12.92。F＝1.179，p＝0.279，由于 $p>0.05$，方差齐性；t 检验结果显示，df＝355.22，t＝0.493，p＝0.623＞0.005，接受 t 检验的零假设，认为两组青少年体质健康状况不具有显著差异。因此，在后续模型构建过程中，将不考虑参与干扰这一变量。

表 3.16　参与干扰对体质健康影响的独立样本 t 检验结果（$N=1\,436$）

自变量	分组	N	Mean	SD	t	df	P^*	F	p
参与干扰	低组	660	75.65	12.92	0.493	355.22	0.623	1.179	0.279
	高组	776	74.68	10.73					

注：P^* 为 2-tailed。

3.2.4　青少年体质健康促进模型的初步构建

在查阅相关文献、专家访谈、各变量相关关系和验证假说的基础上，初步构建了我国青少年体质健康促进假想模型（图 3.5），主要包括个性特征、认知因素、人际影响、体育活动和体质健康等因素。

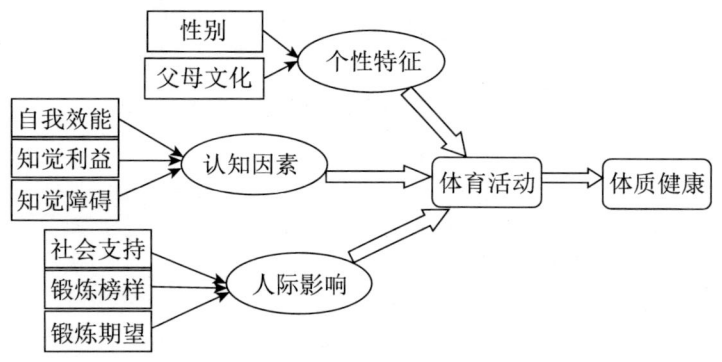

图 3.5　青少年体质健康促进假想模型

3.2.5 青少年体质健康促进模型的结构方程模型检验

运用 SPSS 19.0 和 Amos 16.0 进行模型构建与检验，选用 Bentler 等推荐的 TLI、IFI、CFI、NFI 和 RMSEA 五个拟合指标，以及 χ^2 和 χ^2/df 两个指标作为模型的拟合指标。结构方程模型的拟合函数是指模型隐含的协方差矩阵，即再生矩阵与样本协方差矩阵之间的差距，结构方程模型的拟合是为了尽可能地缩小其拟合函数。如果协方差矩阵（再生矩阵）为 $\Sigma(\theta)$，样本协方差矩阵为 S，拟合函数记为 $F[S, \Sigma(\theta)]$，最佳参数估计值使得拟合函数 $F[S, \Sigma(\theta)]$ 取值最小。χ^2 值越小，表示 Σ 和 S 之间的差异越小，模型拟合越好。一般来说，χ^2 与样本规模具有相关性，样本越大，χ^2 值越大，通常可以用 χ^2/df 来减少样本规模对结果的影响，如果 χ^2/df 位于区间 [2, 5]，表示模型拟合程度较好。

模型拟合指数是考查理论结构模型对数据拟合程度的统计指标。不同类别的模型拟合指数可以从模型复杂性、样本大小、相对性与绝对性等方面对理论模型进行度量。χ^2、χ^2/df 和 RMSEA 是绝对拟合指标（Absolute Fit Index），其中，χ^2 表示差异的宏函数，χ^2/df 表示模型与数据间的匹配程度，χ^2/df 小于 5，表示模型拟合程度较好；RMSEA 近似误差均方根，Wheaton 等[1]提出，RMSEA 小于 0.08，表示模型与数据拟合程度较好。

TLI、IFI、CFI 和 NFI 是相对拟合指标（Comparative Fit Index），其中，TLI（Tucker-Lewis index）是塔克—刘易斯指数指标，IFI（Incremental Fit Index）是增量适合度指标，CFI（Comparative Fit Index）是比较适合度指标，NFI（Normed Fit Index）是基准化适合度指标。TLI、IFI、CFI、NFI 四个指标的值通常在区间 [0, 1]，越接近 1，表示 Σ 和 S 的拟合程度越好[2][3]，其值大于 0.9，表示模型与数据拟合较好；在 0.8~0.9，表示模型可以接受（表 3.17）。

---

[1] Wheaton B, Muthen B, Alwin D, et al. Assessing reliability and stability in panel models [J]. Sociological Methodology, 1977, 8 (1): 84-136.

[2] Bentler P M, Bonnet D C. Significance tests and goodness of fit in the analysis of covariance structures [J]. Psychological Bulletin, 1980, 88 (3): 588-606.

[3] Hu L T, Bentler P M. Cutoff criteria for fit indexes in covariance structure analysis: conventional criteria versus new alternatives [J]. Structural Equation Modeling, 1999, 6 (1): 1-55.

表 3.17 拟合指标

指标名称		指标含义	评价标准
绝对拟合指标	χ^2/df	卡方值与自由度之比	小于 5
	RMSEA	用自由度对 F_0 进行了调整	小于 0.8
相对拟合指标	TLI	从自由度角度对 NFI 进行调整	大于 0.9
	IFI	调整样本量对 NFI 的影响	大于 0.9
	CFI	既考虑了假设模型与独立模型之间的关系，又考虑了假设模型与理论预期的中央卡方分布的离散程度	大于 0.9
	NFI	假设模型与独立模型的差异	大于 0.9
信息指标	AIC	赤池信息准则	越小越好

资料来源：根据林嵩（2008）整理。

为进一步探讨青少年体质健康促进模型各变量的相互关系，通过结构方程模型检验对各模型与测试数据进行拟合，各模型拟合指标如表 3.18 所示，各模型的路径见本章 3.2.5.2。

表 3.18 青少年体质健康促进模型拟合指标

名称	χ^2	df	P	χ^2/df	TLI	IFI	CFI	NFI	RMSEA	AIC
四因素 A	969.476	212	0.000	4.573	0.857	0.832	0.833	0.821	0.089	982.206
四因素 B	603.47	185	0.000	3.262	0.916	0.927	0.927	0.905	0.076	622.548
五因素 A	1 032.028	236	0.000	4.376	0.816	0.806	0.806	0.785	0.090	1 059.455
五因素 B	785.982	202	0.000	3.891	0.837	0.819	0.819	0.792	0.081	798.751
六因素	493.794	126	0.000	3.919	0.921	0.913	0.912	0.924	0.078	516.863
七因素	525.168	168	0.000	3.126	0.938	0.934	0.933	0.922	0.068	541.276

验证假说五：体育活动直接影响着青少年体质健康；个性特征、认知因素和人际关系间接影响青少年体质健康。

验证假说六：自我效能、知觉利益、知觉障碍这些认知因素通过影响青少年参与体育活动，间接影响着青少年体质健康；

验证假说七：人际影响因素通过影响青少年认知，影响其参与体育活动，最终影响青少年体质健康。

3.2.5.1 条目打包

研究表明，在运用 SEM 结构方程模式（Structural Equation Modeling，SEM）检验潜变量结构时，一般来说要求测量的条目不能太多，且通常要求数据呈正态分布，样本量不能太少，否则会影响模型的整体拟合程度（Rogers，Schmitt，2004）。为此，有学者建议，在检验潜变量的结构时，可以考虑运用组合题目，而不完全是单个题目（Rindskopf，Rose，1988；Marsh，Antill，Cunningham，1989；Rogers，Schmitt，2004）。为减少变量条目过多而造成的测量误差，通常采用对变量原始数据条目进行打包处理的方法，一方面，可以通过减少条目来减少测量误差，获得更大的公共因素方差；另一方面，减少条目有利于构建简洁的模型。本研究各变量的条目较多。例如，自我效能共 14 个条目，知觉利益 12 个条目，知觉障碍 14 个条目等，为尽可能地减少测量误差，有必要对自我效能、知觉利益、知觉障碍等变量原始数据的条目进行打包处理。

条目合并和打包的方法很多，在实际操作过程中，通常要根据变量的维度来选择合并打包的具体方法，变量一般分为单维和多维结构。第一，对于单维潜变量，在进行合并和打包处理时通常采用主成分分析[1][2][3]。首先，需要对各个分量表中的所有条目进行因素分析，强制规定单因素解；其次，对各分量表的条目按因子载荷高低进行蛇形排列，将因子载荷最高和因子载荷最低的条目组合成新的条目 1，将因子载荷次高和次低的条目组合成新的条目 2，以此类推；最后，直到所有条目都被平衡到 3~4 个项目中。第二，对于多维结构的潜变量，卞冉等认为[4]，当潜变量是多维结构时，组合方法及其可能带来的影响区域负责。对于已知结构的潜变量，一般可采用内部一致法（Internal-Consistency Approach）和

---

[1] 毛志雄. 中国部分项目运动员对兴奋剂的态度和意向：TRA 与 TPB 两个理论模型的检验 [D]. 北京：北京体育大学，2001：33-40.

[2] Landis R S，Beal D J，Tesluk P E. A comparison of approaches to forming composite measures in structural equation models [J]. Organizational Research Methods，2000（3）：186-207.

[3] Snell A F，Hall R J，Foust M S. Are testlets created equal：examining testlet construction strategies in SEM [J]. Academy of Management Annual Meeting Proceeding Presentation at Annual Meeting of the Academy of Management，1997（1）：395-399.

[4] 卞冉，车宏生，阳辉. 项目组合在结构方程模型中的应用 [J]. 心理科学进展，2007，15（3）：567-576.

领域代表法（Domain-Representative Approach）两种方法对变量进行组合[①]。内部一致法的优势是在组合时保持了单个维度的单纯性，但是没有考虑项目小组之间的相似性，而领域代表法更多地考虑项目小组之间的相似性，与内部一致法所获得的负荷较低且稳定性较差相比，领域代表法能够获得良好的、较为稳定的因素负荷，因此，领域代表法更加适合于多维结构潜变量的合并和打包。

本研究中，体育活动量表用体育活动时间表示，经换算后直接用于结构方程模型的分析；体质健康量表根据青少年体质健康测试标准，进行计算，对所得分数进行换算后直接用于结构方程模型的分析。

自我效能、知觉利益、知觉障碍、锻炼期望和参与冲突分别包括14个条目、12个条目、14个条目、6个条目和6个条目，均为单维结构变量，分别采用因子分析法对其进行项目组合。自我效能和知觉障碍变量各包含14个条目，分别先将因子分析中载荷最高的4个条目作为小组的锚定项放到4个条目组中，然后反方向放入载荷次高的条目，以此类推，最终将所有条目打包成4个条目；知觉利益变量包含12个条目，先将因子分子中载荷最高的3个条目作为小组的锚定项放到3个条目组中，然后反方向放入载荷次高的条目，以此类推，最终将所有条目打包成3个条目；锻炼期望和参与冲突两个变量各包含6个条目，分别将因子分析中载荷最高和最低的条目组合为条目小组1，将次高和次低的条目组合为条目小组2，再将剩余的两个条目组合为条目小组3，最终形成3个条目。

社会支持和锻炼榜样为多维变量，均包括父母和同伴两个维度。在组合打包时采用领域代表法，每个项目小组需由各个维度的项目组合而成，小组内部为异质，也就是说，小组内部不仅包含维度内的公因子的变异，还包含各维度的独特变异。例如，第一个项目小组包括A1和B1；第二个项目小组A2和B2等，使得合并后的每个项目小组均能独自反映整个变量的多维结构。

根据研究需要，本研究将各量表条目进行组合打包，将原来的84个条目组合成25个条目（表3.19），将组合后的25个条目用于结构方程模型分析，既解决了本研究条目过多的问题，又增加了构建简洁模型的可能性。

[①] Kishton J M, Widaman K F. Unidimensional versus domain representative parceling of questionnaire items: an empirical example [J]. Educational and Psychological Measurement, 1994 (54): 757-765.

3 我国青少年体质健康促进模型的构建

表 3.19　各分量表条目组合结果

变量名称	条目数/个	需观测变量数/个	合并方式/个	合并后条目名称
自我效能	14	4	14 变 4	spe01、spe02、spe03、spe04
知觉利益	12	3	12 变 3	pbe01、pbe02、pbe03
知觉障碍	14	4	14 变 4	pba01、pba02、pba03、pba04
社会支持	19	3	19 变 3	ss01、ss02、ss03
锻炼榜样	6	3	6 变 3	em01、em02、em03
锻炼期望	6	3	6 变 3	en01、en02、en03
参与干扰	6	3	6 变 3	cd01、cd02、cd03
体育活动	1	1	无须合并	/
体质健康	6	1	加权计算	/
合计	84	25	/	/

3.2.5.2　结构方程模型检验

(1) 四因素模型——认知因素、人际影响、体育活动和体质健康

青少年体质健康四因素模型主要包括认知因素、人际影响、体育活动和体质健康四个因素。从图 3.6 可以看出，认知因素与体育活动、人际影响与体育活动的路径系数分别为 0.59 和 0.49（未达显著水平），体育活动与体质健康的路径系数为 0.78，认知因素和人际影响等变量共同解释了 57% 的体育活动的方差，体育活动解释了 67% 体质健康的方差，除人际影响与体育活动路径系数外，其余各路径系数均达到统计显著性水平。

但是从表 3.18 的拟合指标可以看出，青少年体质健康促进的认知因素、人际交往、体育活动和体质健康的四因素模型 A，绝对拟合指标 $\chi^2/df = 4.573$，小于 5；RMSEA = 0.089，大于 0.8；相对拟合指标 TLI = 0.857、IFI = 0.832、CFI = 0.833、NFI = 0.821，均未达到 0.9，总体来看，该模型的拟合度较差，因此，该模型不能被接受。

增加认知因素与人际影响、体育活动与体质健康变量之间的相关关系，得到青少年体质健康促进的认知因素、人际交往、体育活动和体质健康的四因素模型 B（图 3.7）。绝对拟合指标 $\chi^2/df = 3.262$，小于 5；RMSEA = 0.076，小于 0.8；

相对拟合指标 TLI = 0.916、IFI = 0.927、CFI = 0.927、NFI = 0.905，均高于 0.9，总体来看，该模型的拟合度较好，达到可接受水平。

从图 3.7 可以看出，认知因素与体育活动、人际影响与体育活动的路径系数分别为 0.50 和 0.058（ns），体育活动与体育健康的路径系数为 0.83，认知因素和人际影响等变量共同解释了 59%的体育活动的方差，体育活动解释了 69%体质健康的方差，除人际影响与体育活动路径系数，其余各路径系数均达到统计显著性水平。与四模型 A 相比，四因素模型 B 中，认知因素和人际影响对体育活动的解释方差增长了 2%，体育活动对体质健康的解释方差增长了 2%。

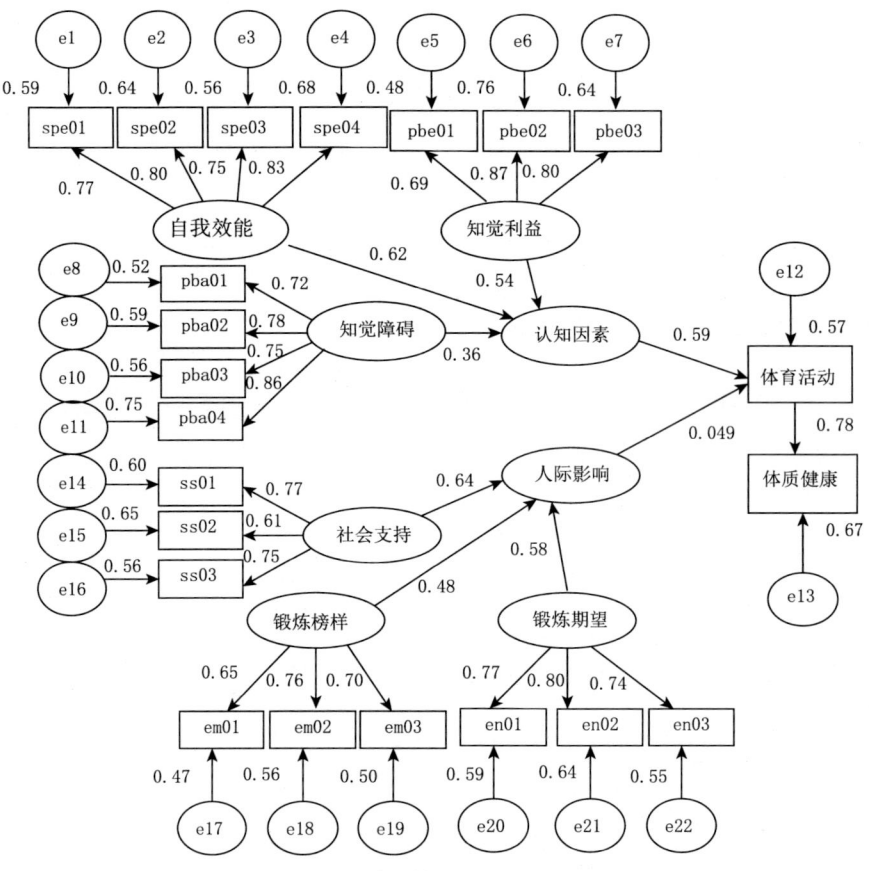

图 3.6 四因素模型 A 的路径系数

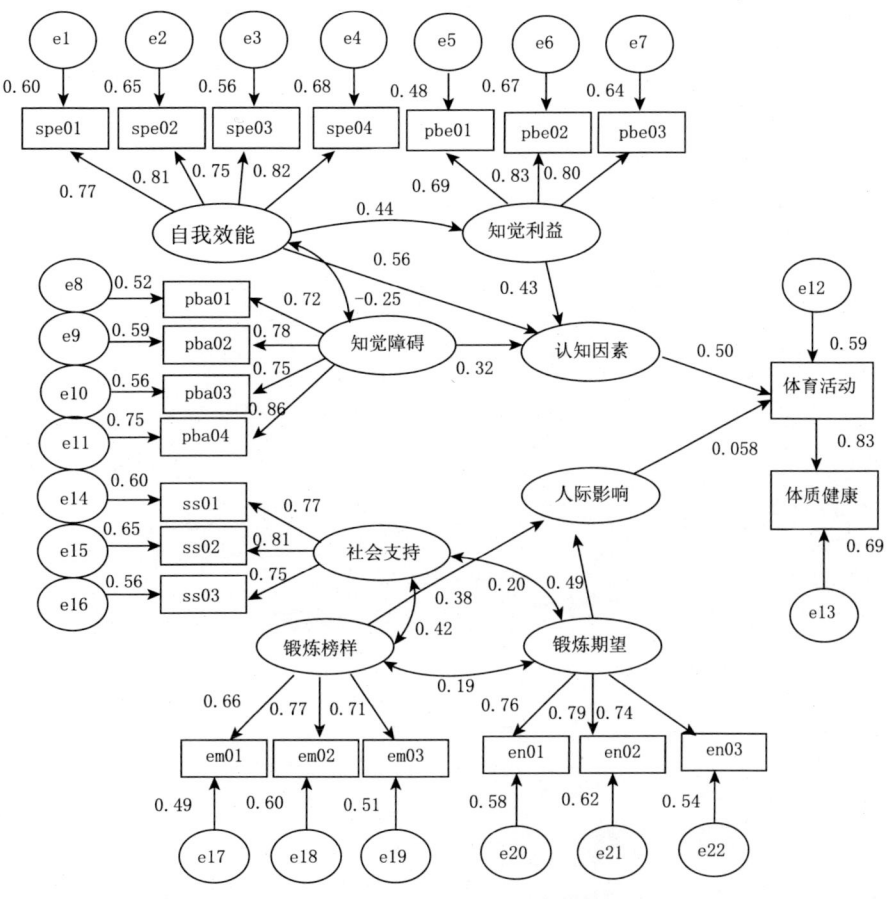

图 3.7 四因素模型 B 的路径系数

通过对青少年体质健康促进四因素模型的检验和分析，模型 B 的整体拟合程度较好，可以用于解释和预测青少年体质健康促进。

（2）五因素模型——个性特征、认知因素、人际影响、体育活动和体质健康

青少年体质健康促进五因素模型与四因素模型相比，加入个性特征这一变量。由图3.8可以看出，个性特征与体育活动、认知因素与体育活动、人际影响与体育活动的路径系数分别为 0.40、0.49 和 0.046（ns），体育活动与体育健康的路径系数为 0.79，个性特征、认知因素和人际影响等变量共同解释了 61% 的体育活动的方差，体育活动解释了 68% 体质健康的方差，除人际影响与体育活动路径系数，其余各路径系数均达到统计显著性水平。

但是从表3.18的拟合指标可以看出，青少年体质健康促进的个性特征、认

知因素、人际交往、体育活动和体质健康的五因素模型 A，绝对拟合指标 $X^2/\mathrm{df}=4.376$，小于 5；RMSEA = 0.090，大于 0.8；相对拟合指标 TLI = 0.816、IFI = 0.806、CFI = 0.806、NFI = 0.785，均低于 0.9，总体来看，该模型的拟合程度较差，因此，该模型不能被接受。

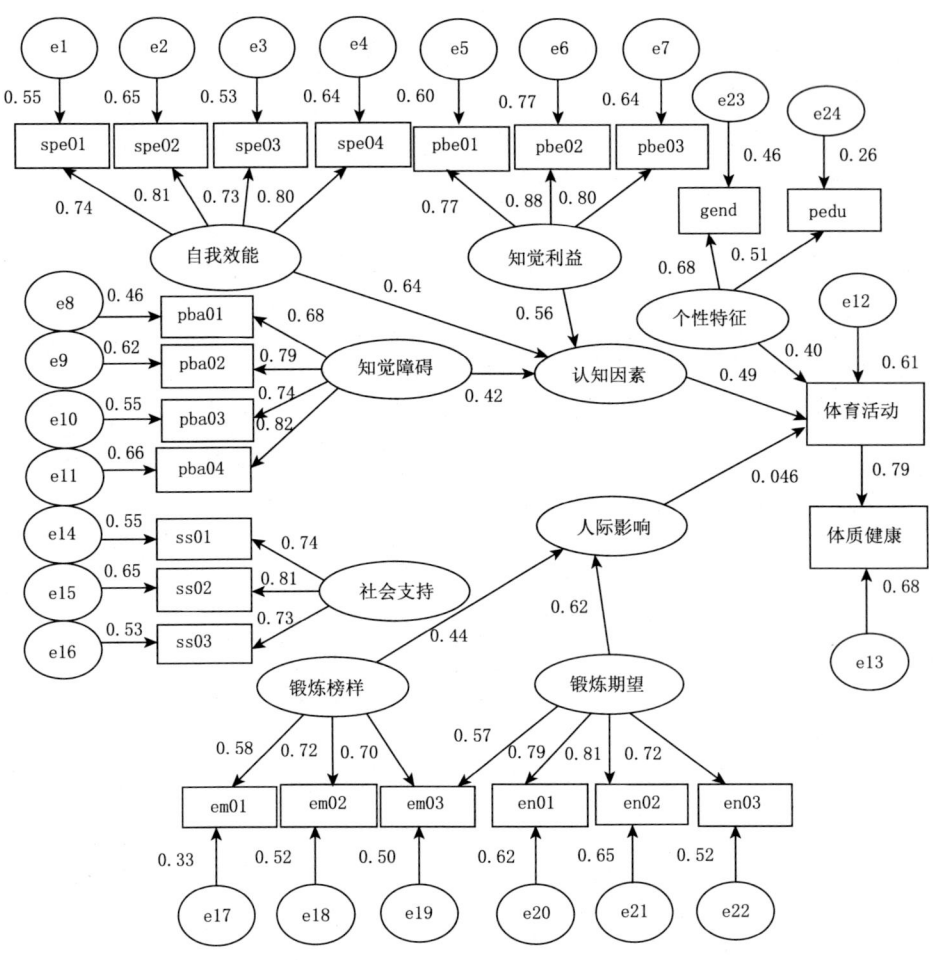

图 3.8　五因素模型 A 的路径系数

增加个性特征与认知因素、认知因素与人际影响、个性特征与人际影响、体育活动与体质健康变量之间的相关关系，形成青少年体质健康促进的认知因素、人际影响、体育活动和体质健康的五因素模型 B（图 3.9）。

3 我国青少年体质健康促进模型的构建

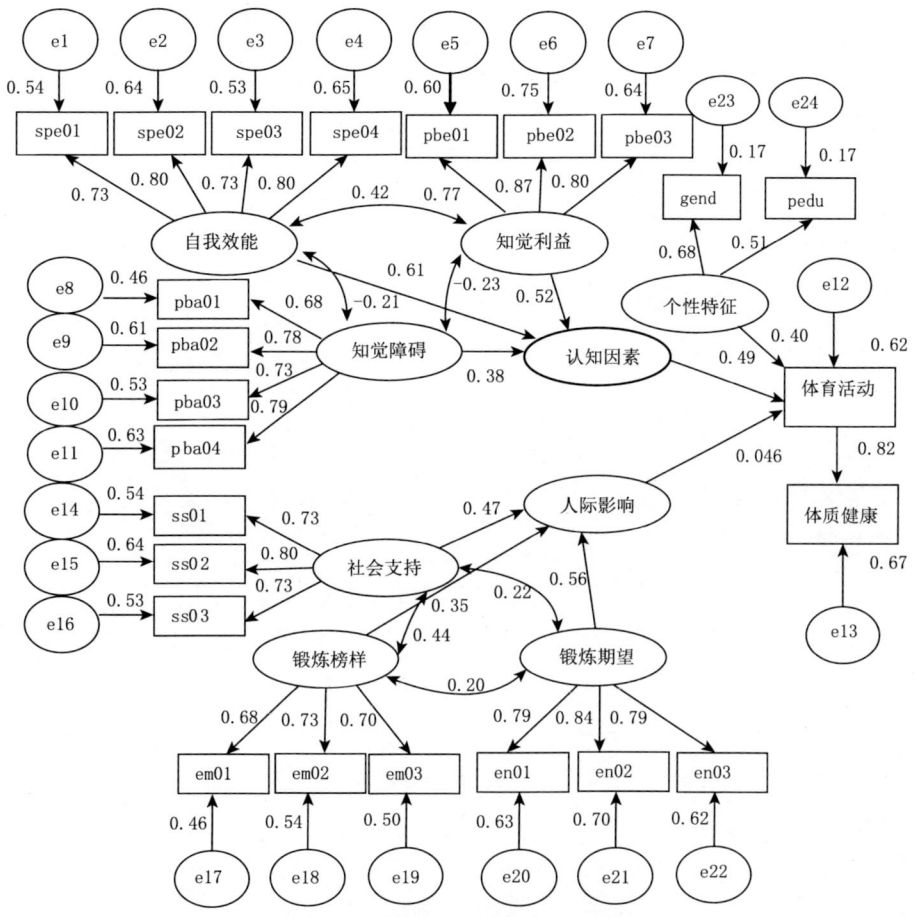

图 3.9 五因素模型 B 的路径系数

个性特征与体育活动、认知因素与体育活动、人际影响与体育活动的路径系数分别为 0.40、0.49 和 0.046（ns），体育活动与体育健康的路径系数为 0.82，个性特征、认知因素和人际影响等变量共同解释了 62% 的体育活动的方差，体育活动解释了 67% 体质健康的方差，除人际影响与体育活动路径系数，其余各路径系数均达到统计显著性水平。与五模型 A 相比，五因素模型 B 中，个性特征、认知因素和人际影响对体育活动的解释方差增长了 1%，体育活动对体质健康的解释方差减少了 1%。比较四因素模型 B 和五因素模型 B 可以看出，增加个性特征这一变量和相关关系之后，虽然个性特征、认知因素和人际影响对体育活动的解释变量比认知因素和人际影响对体育活动解释变量增加了 3%，但是体育活动对体质健康的解释变量却减少 2%。从拟合指标来看，绝对拟合指标 $\chi^2/\mathrm{df} = $

3.891，小于 5；RMSEA = 0.081，大于 0.8；相对拟合指标 TLI = 0.837、IFI = 0.819、CFI = 0.819、NFI = 0.792，均低于 0.9，总体来看，该模型的拟合度较差，不能接受。

综上所述，青少年体质健康促进的五因素模型整体拟合程度较差，不能用来解释和预测青少年体质健康促进，而且增加个性特征这一变量虽然增加了对体育活动的解释方差，但降低了对体质健康的解释方差，因此在后续的模型构建研究中将不考虑个性特征对体质健康的影响。

（3）六因素模型——人际影响、自我效能、知觉利益、知觉障碍、体育活动和体质健康

青少年体质健康促进的六因素模型主要探讨人际影响与自我效能、知觉利益和知觉障碍等认知因素，以及与体育活动和体质健康之间的关系。从表 3.18 的拟合指标来看，青少年体质健康促进六因素模型的绝对拟合指标 $\chi^2/df = 3.919$，小于 5；RMSEA = 0.078，小于 0.8；相对拟合指标 TLI = 0.921、IFI = 0.913、CFI = 0.912、NFI = 0.924，均高于 0.9，总体来看，该模型的拟合度较好，能够接受。

从图 3.10 可知，人际影响、自我效能、知觉利益和知觉障碍共解释了 80% 体育活动的方差，体育活动解释了 63% 的体质健康的方差；人际影响对自我效能的路径系数为 0.41（$p<0.05$），自我效能对体育活动的预测系数为 0.51（$p<0.05$），均达显著水平；人际影响对知觉利益的路径系数为 0.39（$p<0.05$），知觉利益对体育活动的预测系数为 0.24（$p<0.05$），均达显著水平；体育活动与体质健康的预测系数为 0.79（$p<0.05$），达显著水平；人际影响对体育活动的预测系数为 0.096（$p=\mathrm{ns}$），人际影响对知觉障碍的路径系数为 -0.026（$p=\mathrm{ns}$），知觉障碍对体育活动的预测系数为 -0.032（$p=\mathrm{ns}$），均不显著。

3 我国青少年体质健康促进模型的构建

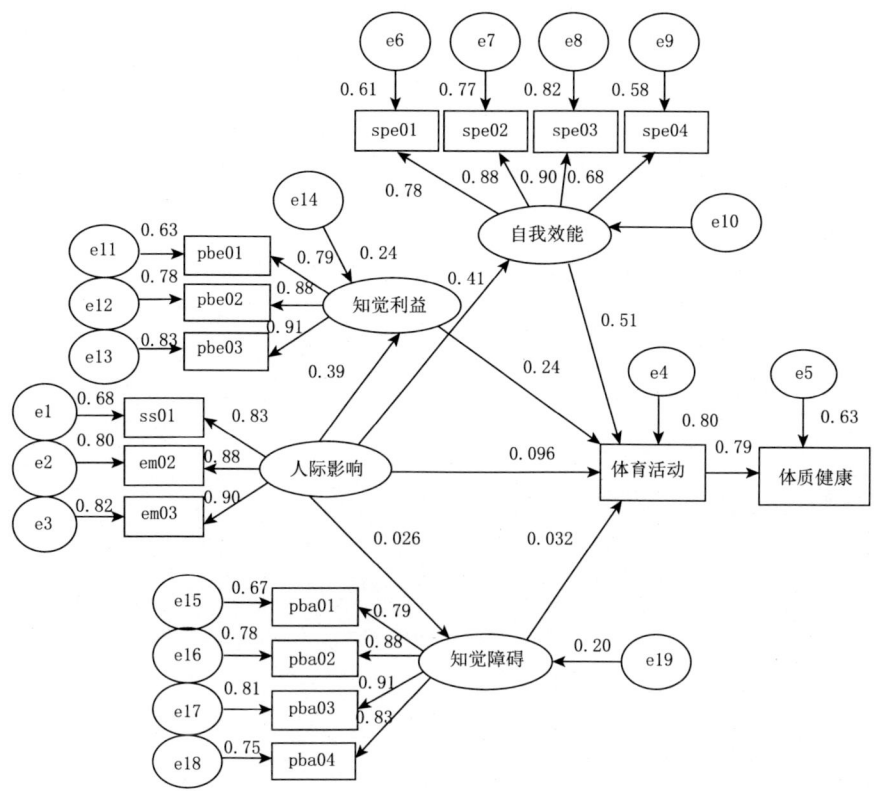

图 3.10 六因素模型的路径系数

人际影响对体育活动的作用包括直接影响和间接影响两个方面，人际影响通过四条途径影响体育活动而影响体质健康。间接影响可以通过路径系数来评估，人际影响对体育活动间接影响的程度可以通过各路径系数来评估（Maruyanma，1998）。从表3.20可以看出，人际影响对体育活动的直接影响和间接影响总计0.406，其中，人际影响对体育活动的直接影响是0.096，人际影响通过自我效能对体育活动的间接影响是0.209，通过知觉利益对体育活动的间接影响是0.093，通过知觉障碍对体育活动的间接影响是0.008。人际影响通过自我效能、知觉利益和知觉障碍对体育活动的间接影响总和是0.31，约占总影响0.406的76.35%。这说明，人际影响主要通过自我效能、知觉利益等认知因素间接影响体育活动，再通过体育活动影响体质健康。

表 3.20　人际影响对青少年体育活动的影响情况

影响	路径	值
直接影响	/	0.096
间接影响	自我效能	0.41×0.51 = 0.209
	知觉利益	0.39×0.24 = 0.093
	知觉障碍	(−0.026) × (−0.032) = 0.008
合计		0.406

（4）七因素模型——家庭影响、同伴影响、自我效能、知觉利益、知觉障碍、体育活动和体质健康

人际影响包括许多方面，但对于青少年而言，主要指父母影响和同伴影响。七因素模型主要将人际影响分为家庭影响和同伴影响来分析。为探讨家庭和同伴对青少年体质健康的影响，构建青少年体质健康促进七因素模型，主要包括家庭影响、同伴影响、自我效能、知觉利益、知觉障碍、体育活动和体质健康七个因素（图3.11）。家庭影响包括家庭社会支持、家庭锻炼榜样和家庭锻炼期望，同伴影响包括同伴社会支持、同伴锻炼榜样和同伴锻炼期望。借鉴 Wu Tsu-Yin（1999）的评价方法，取家庭社会支持、家庭锻炼榜样、家庭锻炼期望、同伴社会支持、同伴锻炼榜样和同伴锻炼期望各项得分的均值用于模型分析。

从表3.18的拟合指标来看，青少年体质健康促进七因素模型的绝对拟合指标 $\chi^2/\text{df} = 3.126$，小于5；RMSEA = 0.068，小于0.8；相对拟合指标 TLI = 0.938、IFI = 0.934、CFI = 0.933、NFI = 0.922，均高于0.9，总体来看，该模型的拟合度较好，能够接受。

3 我国青少年体质健康促进模型的构建

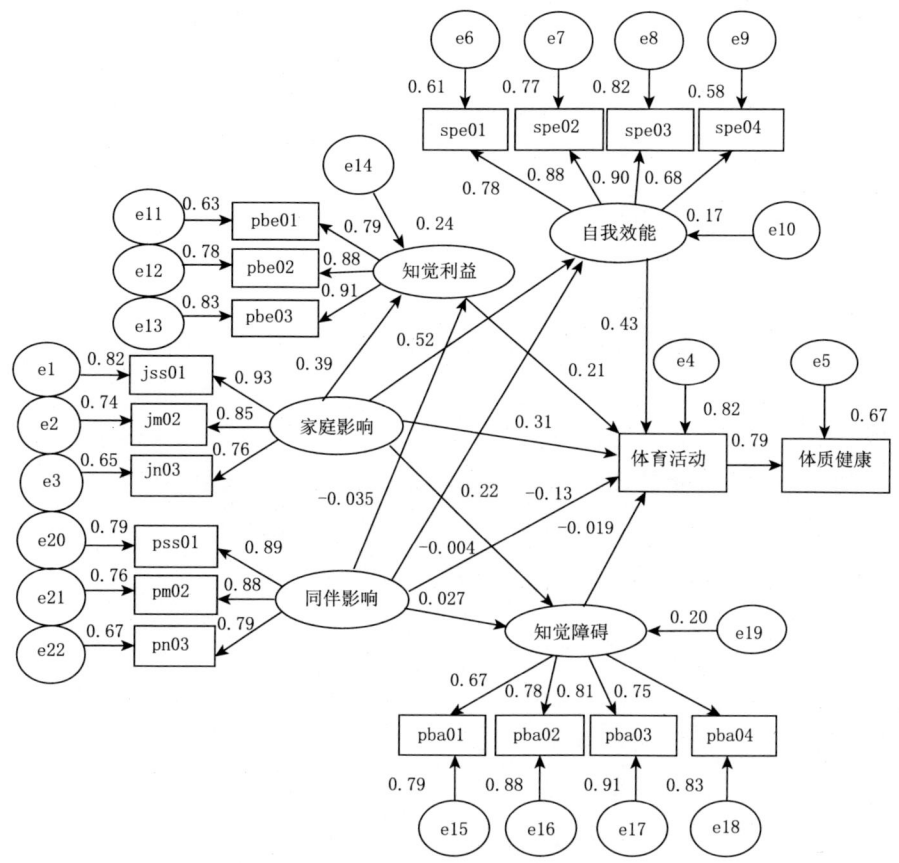

图 3.11 七因素模型的路径系数

从图 3.11 可知，体育活动对体质健康的路径系数为 0.79（$p<0.05$），达到显著水平；家庭影响对体育活动的路径系数为 0.31（$p<0.05$）、对知觉利益的路径系数为 0.39（$p<0.05$）、对自我效能的路径系数为 0.52（$p<0.05$），自我效能对体育活动的路径系数为 0.43（$p<0.05$），同伴影响对体育活动的路径系数为 −0.13（$p<0.05$）、对自我效能的路径系数为 0.22（$p<0.05$），均达显著水平；家庭影响对知觉障碍的路径系数为 −0.004（$p=$ns）、知觉障碍对体育活动的路径系数为 −0.019（$p=$ns），同伴影响对知觉利益的路径系数为 −0.035（$p=$ns），同伴影响对知觉障碍的路径系数为 −0.027（$p=$ns），均未达显著水平。家庭影响、同伴影响、自我效能、知觉利益和知觉障碍共解释了 82% 体育活动的方差，体育活动解释了 67% 的体质健康的方差。

比较六因素模型和七因素模型可以得出，第一，六因素模型中，人际影响对体育活动的直接影响未达显著水平（0.096，$p=$ ns）；而七因素模型中，家庭影响和同伴影响对体育活动的直接影响均达显著水平，分别为 0.31（$p<0.05$）和 −0.13（$p<0.05$）。第二，六因素模型中，人际影响—自我效能—体育活动这一路径对体质健康的间接影响达显著水平；七因素模型中，家庭影响和同伴影响分别通过自我效能—体育活动路径对体质健康产生的间接影响，均达到显著水平。第三，在六因素模型中，人际影响—知觉利益—体育活动—体质健康这一路径对体质健康的间接影响达显著水平；在七因素模型中，家庭影响—知觉利益—体育活动—体质健康路径达显著水平，但是同伴影响对知觉利益的路径系数不显著。第四，人际影响对知觉障碍、家庭影响和同伴影响对知觉障碍的路径系数均不显著，而且知觉障碍与体育活动的路径系数亦不显著；第五，七因素模型中，家庭影响、同伴影响、自我效能、知觉利益和知觉障碍共解释了 82%体育活动的方差，体育活动解释了 67%的体质健康的方差，与六因素模型相比，对体育活动和体质健康的解释方差分别增长了 2%和 4%。

（5）青少年体质健康促进模型

通过对四因素、五因素、六因素和七因素模型的验证，本研究构建了我国青少年体质健康促进模型（图 3.12）。从图 3.12 可以看出，第一，青少年参与体育活动对体质健康具有直接的促进作用；第二，认知因素（自我效能、知觉利益和知觉障碍）通过体育活动间接促进体质健康；第三，自我效能和知觉利益通过体育活动间接促进体质健康，而知觉障碍对体育活动的影响较少；第四，人际影响（社会支持、锻炼榜样和锻炼期望）对体育活动的直接影响较少，人际影响可以通过影响自我效能和知觉利益间接影响体育活动，进而促进体质健康；第五，将人际影响分为家庭影响和同伴影响，与同伴影响相比，家庭影响对体育活动具有更重要的促进作用；第六，家庭影响和同伴影响均通过四条途径影响体育活动，进而影响体质健康，但是家庭影响对知觉障碍、同伴影响对知觉利益、同伴影响对知觉障碍、知觉障碍对体育活动、人际影响对体育活动、人际影响对知觉障碍的路径系数均无显著性差异，其他路径均具有显著性差异。

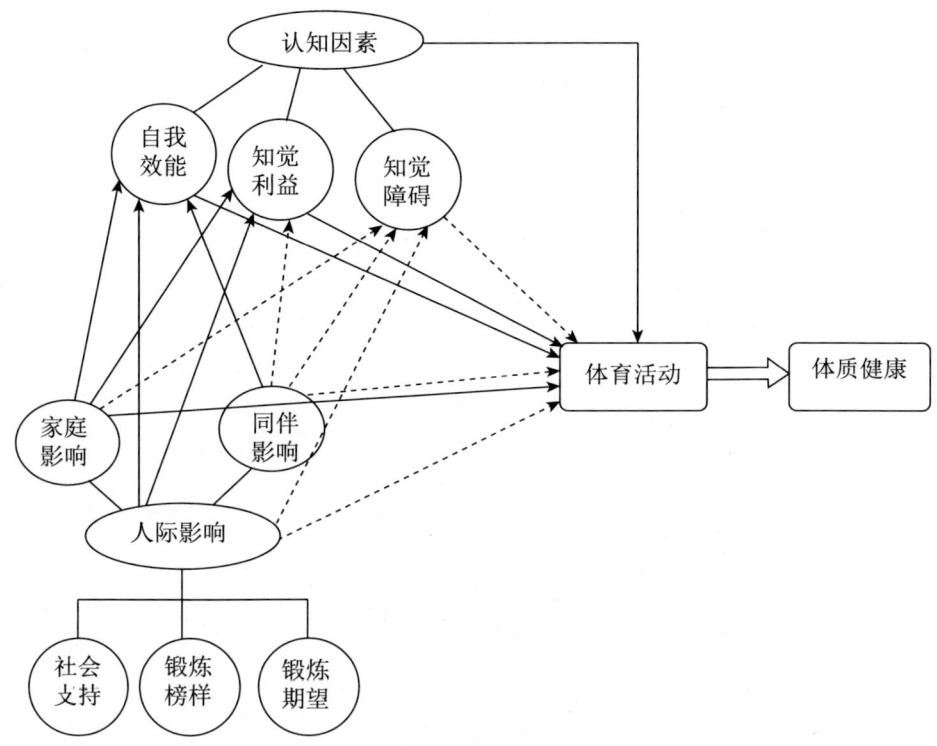

图 3.12　我国青少年体质健康促进模型

3.3　分析与讨论

3.3.1　体育活动对体质健康的影响

本研究支持假说一的观点，体育活动参与多的青少年体质健康状况好于体育活动参与少的青少年，体育活动低组 Mean = 64.46，高组 Mean = 83.32（见表3.8）。这一研究结果与张云峰[1]对天津实验中学初中生体育行为习惯与体质健康相关研究的结果相一致，他认为，体育行为习惯对体质健康有正向的影响。钟新军[2]通过对杭州市余杭区 12 所高中的高中生调查表明，高中生体质健康体育活动

---

[1] 张云峰. 中学生体育行为习惯与体质健康相关研究：以天津市实验中学初中生为例 [D]. 天津：天津师范大学, 2010：50.
[2] 钟新军. 高中生体质健康与体育活动安排间的现状与对策研究：以杭州市余杭区 12 所普职高调查为例 [J]. 体育世界（学术版）, 2012（3）：17-19.

呈正比例关系。另外，屈晓春①通过对西安市传统体育学校和一般体育学校的中学生调查表明，传统体育学校学生体质合格率明显高于一般学校，传统体育学校学生的身体机能和身体素质等指标亦高于一般学校学生，得出经常坚持课外体育锻炼对增强青少年体质健康具有明显效果。

四因素模型 B（见图 3.7）、六因素模型（见图 3.10）和七因素模型（见图 3.11）中，体育活动对体质健康的回归系数分别为 0.83、0.79 和 0.79，分别解释了 67%、63% 和 67% 的体质健康的方差，这表明，体育活动能够较好地预测体质健康。

3.3.2　认知因素对体育活动和体质健康的影响

本研究支持假说二的观点，具有高自我效能、高知觉利益和低知觉障碍的青少年体育活动量和体质健康状况好于低自我效能、低知觉利益和高知觉障碍的青少年。例如，自我效能低组体育活动 Mean = 199.95，高组 Mean = 503.51；知觉障碍低组体质健康 Mean = 75.23，高组 Mean = 69.77（见表 3.8 和表 3.9）。

该结果与部分学者的研究相吻合，Bandura②认为，在特定情境中拥有较高自我效能的个体，面对苦难问题时会努力克服障碍，并相信自己一定能克服困难，比低自我效能者更能维持行为。Sullum 等③以大学生为研究对象，进行中途退出健身运动计划因素的研究，结果显示，原本具有较高自我效能者不会中途退出，而中途退出者的最初自我效能明显低于较高自我效能组；Stevenr 等研究表明④，效能认知与自我效能水平具有相关性，且能够预测参与体育锻炼的行为。李英⑤通过对天津市梅江中学初中生的调查显示，不同性别的初中生的自我效能及体育行为均存在显著性差异，初中生的体育自我效能感与体育行为之间存在非常显著的相关关系。陈志喜和王良民研究表明⑥，大学生自我效能感与体育成绩

---

① 屈晓春. 西安市不同体育课外活动对学生体质影响因素的研究 [D]. 西安：西安体育学院，2012：21-22.
② Bandura A. Social foundations of thought and action: a social cognitive theory [M]. NJ: Prentice-Hall, 1986: 23-28.
③ Sullum J, Clark M M, King T K. Predictors of exercise relapse in a college population [J]. Journal of American College Health, 2000 (48): 175-181.
④ Steven R B. An exploratory investigation of the relationship between proxy efficacy, self-efficacy and exercise attendance [M]. Journal of Health Psychology, 2001: 425-434.
⑤ 李英. 初中生体育自我效能感与体育行为相关关系研究 [J]. 湖州师范学院学报，2012, 34 (2): 76-80.
⑥ 陈志喜，王良民. 大学生体育成绩与自我效能感的相关研究 [J]. 湖北体育科技，2011, 30 (5): 586-589.

成正相关的关系，且体育成绩优秀的学生自我效能水平显著高于体育成绩一般的学生。

研究不支持假说四的观点，越少参与干扰的青少年，体育活动量越多，体质健康越好。Pender 在 1996 年修正健康促进模式中加入参与干扰这一新的变量，本研究中，参与干扰的信度低于自我效能、知觉利益和知觉障碍等变量；t 检验虽然显示参与干扰高组和低组的青少年体育活动和体质健康的水平不同，如低组体育活动 Mean = 386.97，高组 Mean = 324.71，低组体质健康 Mean = 75.65，高组 Mean = 74.68，但是均未达到 0.05 的显著水平（见表 3.15 和表 3.16）。分析原因可能在于，第一，这些青少年没有像预期的听从父母的要求去从事父母要求的行为；第二，参与干扰的需求行为必须发生在"行动点"来对体育活动和体质健康促进行为产生决定性的负面影响。因此，用此量表来测量青少年对此变量的认识时，已经超出行动的范围而难以评估其确定的影响；第三，在参与干扰分量表中所包含的条目与知觉障碍量表条目有相似之处，无法准确区分参与干扰对体育活动和体质健康的影响。因此，在今后研究中，应该修订量表条目使其能够进一步测量和区分参与干扰和知觉障碍对体育活动的影响，以便了解参与干扰对青少年体育活动和体质健康的影响。

四因素模型 B（见图 3.7）中，认知因素对体育活动的回归系数为 0.50，人际影响与体育活动的回归系数为 0.058，没有显著性差异，认知因素和人际影响共解释了 57% 的体育活动的方差，体育活动解释了 67% 的体质健康的方差，这说明，认知因素能更好地预测体育活动，并通过体育活动间接预测体质健康。六因素模型（见图 3.10）中，自我效能与体育活动的回归系数为 0.51，知觉利益与体育活动的回归系数为 0.24，知觉障碍与体育活动的回归系数为 -0.032（未达 0.05 的显著水平），体育活动与体质健康的回归系数为 0.79，说明自我效能、知觉利益和知觉障碍中，自我效能能更好地预测体育活动，并通过体育活动间接预测体质健康。其研究结果与陈志喜和王良民[1]对大学生的研究结果基本吻合，他认为，大学生自我效能感对其体育成绩具有良好的预测作用。验证了假说五体育活动直接影响青少年体质健康，认知因素和人际影响间接影响青少年体质健康的观点；同时验证了假说六自我效能、知觉利益、知觉障碍因素影响青少年参与体育活动，并间接影响青少年体质健康。

---

[1] 陈志喜，王良民. 大学生体育成绩与自我效能感的相关研究 [J]. 湖北体育科技，2011，30（5）：586-589.

3.3.3 人际影响对体育活动和体质健康的影响

本研究支持假说三的观点,有较多正面人际影响的青少年,其体育活动量和体质健康状况均高于具有较少人际影响的青少年。其研究结果与 Biddles 和 Goudas[1]、Godin 和 Shephard[2]、吴姿莹和卓俊伶[3]分别对欧洲、美国和中国台湾青少年社会支持、榜样等人际影响与体育活动的相关关系的研究结果相一致。进一步分析人际影响来源发现,来自的父母社会支持可以很好地解释青少年体育活动量和体质健康状况,而来自同伴的不同社会支持的青少年体育活动量和体质健康差异显著;父母和同伴的活动榜样也可以解释青少年体育活动量。另外,研究表明,有父母社会支持的青少年体育活动量高于有同伴社会支持的青少年,父母高组体育活动 Mean = 458.18,同伴高组 Mean = 363.69,父母低组 Mean = 235.25,朋友低组 Mean = 325.50(见表 3.13);这些结果说明,父母在青少年参与体育活动中担当着重要的角色,在我国,青少年比较依赖父母,一方面父母提供经济支持,另一方面父母对其具有潜移默化的作用。

青少年体质健康促进六因素和七因素模型通过探讨人际影响对体育活动和体质健康的直接和间接影响来验证假说六和假说七。

六因素模型中(图 3.10),人际影响与体育活动的路径系数为(0.096,$p=$ns),可以看出人际影响对体育活动的直接作用较少;人际影响与自我效能的路径系数为 0.41($p<0.05$),与知觉利益的路径系数为 0.39($p<0.05$),自我效能与体育活动的路径系数为 0.51($p<0.05$),知觉利益与体育活动的预测系数为 0.24($p<0.05$),可以看出,人际影响可以通过自我效能和知觉利益间接影响体育活动;研究结果亦显示,人际影响对体育活动的直接影响仅占很小的部分,而通过自我效能和知觉利益等认知因素对体育活动的间接影响占总影响的 76.35%。这一研究结果与 Wu Tsu-Yin[4]对人际影响与中国台湾青少年体育活动关系的研

---

[1] Biddles S, Goudas M. Analysis of children's physical activity and its association with adult encouragement and social cognitive variables [J]. Journal of School Health, 1996 (66): 75-78.

[2] Godin G, Shephard R J. Normative beliefs of school children concerning regular exercise [J]. Journal of School Health, 1984 (54): 443-445.

[3] 吴姿莹,卓俊伶,冯木兰. 青少年身体活动及其与人际关系、认知变项和当时行为竞争需求之关系分析:健康促进模式之应用[J]. 大专体育学刊, 2001 (3): 39-53.

[4] Wu Tsu-Yin, Pender N. Determinants of physical activity among Taiwanese adolescents: an application of the health promotion model [J]. Research in Nursing & Health, 2002 (25): 25-36.

究结果相吻合，而 Mcmurray 等[1]和 Zakarian 等[2]仅探讨人际影响对体育活动的直接作用，而没有探讨间接作用。人际影响通过认知影响体育活动的研究结果表明，人际影响既影响着认知因素，又影响着体育活动。这一研究结果被 Garcia 等的研究所支持，他们认为[3]，社会支持和社会期望是通过行为认知因素而对体育锻炼产生影响的。

七因素模型（图 3.11）中，家庭影响对体育活动有显著的直接影响为 0.31 ($p<0.05$)，而且家庭影响通过自我效能和知觉利益对体育活动的间接影响均比较显著，同伴影响对体育活动的直接影响为 -0.13 ($p<0.05$)，呈负相关，说明家庭对青少年体育活动有着重要的作用。这一结果与 Baranowski 等的观点一致，他认为家庭支持行为对体育活动具有积极作用[4]。但与 Nader 的研究结果不一致，Nader 等认为[5]，父母对青少年的健康行为的影响被减弱，或者应该通过影响其同伴而影响青少年。这可能与我国的传统文化有关，并进一步表明，在我国，青少年对父母的依赖程度比较严重，许多青少年的日常生活等均由父母来安排和决定。

六因素模型中，人际影响自我效能、知觉利益和知觉障碍共解释了 80%体育活动的方差；七因素模型中，家庭影响、同伴影响、自我效能、知觉利益和知觉障碍共解释了 82%体育活动的方差，体育活动解释了 67%的体质健康的方差。与六因素模型相比，七因素模型对体育活动和体质健康的解释方差分别增长了 2%和 4%，说明将人际影响分为家庭影响和同伴影响能更好地解释青少年体育活动和体质健康状况。

需要指出的是，六因素模型和七因素模型中，人际影响与知觉障碍的路径系数为 -0.026 ($p=ns$)、家庭影响与知觉障碍的路径系数为 -0.004 ($p=ns$)、同伴

---

[1] Mcmurray R G, Bardley C B, Harrell J S, et al. Parental influences on childhood fitness and activity patterns [J]. Research Quarterly for Exercise and Sport, 1993 (64): 249-255.

[2] Zakarian J M, Hovell M F, Hofstetter C R, et al. Correlates of vigorous exercise in a predominantly low SES and minority high school population [J]. Preventive Medicine, 1994 (23): 314-321.

[3] Garcia A W, Norton M A, Frenn M, et al. Gender and developmental differences in exercise beliefs among youth and prediction of their exercise behavior [J]. Journal of School Health, 1995 (65): 213-219.

[4] Baranowski T, Nader P, Dunn K, et al. Family self-help: promoting changes in health behavior [J]. Journal of Communication, 1982 (32): 161-172.

[5] Nader P R, Perry C, Maccoby N, et al. Adolescent perceptions of family health behavior: a tenth grade educational activity to increase family awareness of a community cardiovascular risk reduction program [J]. Journal of School Health, 1982 (52): 372-377.

影响与知觉障碍的路径系数为-0.027（p=ns），知觉障碍与体育活动的路径系数分别为-0.032（p=ns）和-0.019（p=ns），可以看出，无论是人际影响还是家庭影响和同伴影响，对知觉障碍的关系不显著，表明通过知觉障碍对体育活动的间接影响较少，亦不能通过知觉障碍和体育活动来预测体质健康。

3.4 本章小结

①被调查的青少年体质健康状况为优秀占1.95%，良好占30.64%，及格占51.53%，不及格占15.88%；自我感知情况为非常好占27.88%，良好占49.58%，一般占20.33%，不好占1.95%，非常不好占0.56%，二者不完全吻合。

②青少年周一至周五参与体育活动的情况好于周六和周日，但是有64.6%的青少年每天锻炼不足1小时，仅有35.4%的青少年每天锻炼达到1小时；青少年参与体育项目排在前十位的分别是跑步、广播操、骑自行车、体操、篮球、羽毛球、跳绳、户外游戏、游泳和足球，其中，跑步和广播操的参与比例超过50%。

③体育活动参与多的青少年体质健康状况好于体育活动参与少的青少年；高自我效能、高知觉利益和低知觉障碍的青少年比具有相反认知者更可能参与体育活动，体质健康状况好；获得较多社会支持、榜样和期望的青少年比获得较少正面影响的青少年更可能参与体育活动，体质健康状况好；参与干扰对青少年体育活动和体质健康影响较少。

④青少年体质健康促进四因素、六因素和七因素模型能够较好地解释认知因素（自我效能、知觉利益和知觉障碍）、人际影响（社会支持、锻炼榜样和锻炼期望）、体育活动和体质健康之间的关系，均表明青少年参与体育活动能直接预测其体质健康状况。

⑤青少年体质健康促进五因素模型不能解释个性特征（性别和父母教育程度）、认知因素、人际影响、体育活动和体质健康之间的关系，个性特征对青少年体质健康促进的影响不明显。

⑥四因素模型主要包括认知因素、人际影响、体育活动和体质健康。结果表明，青少年参与体育活动能直接预测其体质健康状况，认知因素比人际影响能更好地预测体育活动，并通过体育活动间接地预测体质健康。

⑦六因素模型包括人际影响、自我效能、知觉利益、知觉障碍、体育活动和

体质健康。七因素模型包括家庭影响、同伴影响、自我效能、知觉利益、知觉障碍、体育活动和体质健康。

⑧六因素和七因素模型表明，青少年参与体育活动能直接预测其体质健康状况，自我效能和知觉利益能够直接预测体育活动，并通过体育活动间接预测体质健康，其自我效能的预测效果最好；六因素模型亦表明，人际影响不能直接预测体育活动，但是可以通过自我效能和知觉利益间接影响体育活动，再影响体质健康。而七因素模型表明，在人际影响中，家庭比同伴对青少年体育活动和体质健康的影响更大。

4 我国青少年体质健康促进的运动干预研究

4.1 研究目的

本章关于青少年体质健康促进干预研究的目的是，第一，检验青少年体质健康促进四因素、六因素和七因素模型的有效性，具体而言，从纵向角度探讨自我效能、知觉利益、知觉障碍、社会支持、体育活动与体质健康之间的关系；第二，根据模型设计青少年体质健康促进干预方案，为青少年体质健康促进提供可操作性的干预方案。

4.2 健康促进运动干预方案与设计

根据理论探讨和青少年体质健康促进模型，在干预前，设计了本次干预的青少年体质健康促进干预模式（图4.1）。干预主要包括三个方面，一是通过学校对学生进行体育活动干预；二是通过学校对学生进行认知、营养膳食等方面的健康教育干预；三是对学生家长进行社会支持方面的干预。

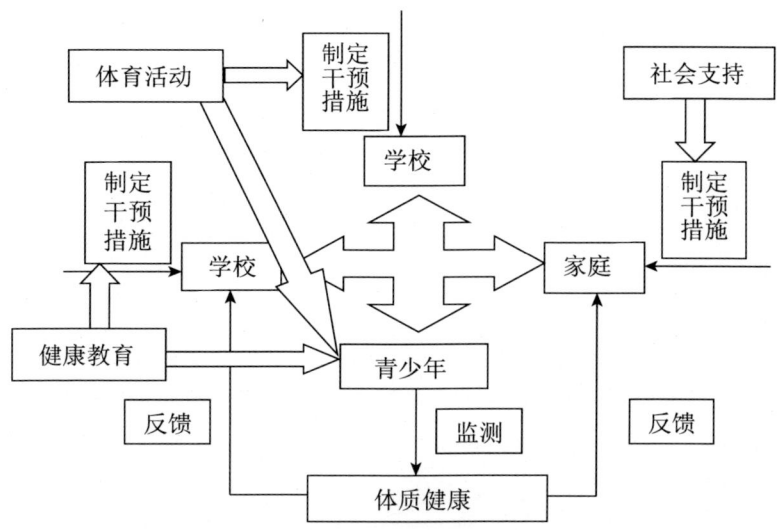

图 4.1 青少年体质健康促进干预模式

4.2.1 干预对象

参与本次研究的青少年共 143 人,其中,女生 65 人,男生 78 人,均为初中二年级学生,来自天津南开中学。按照自然班和体育授课班分成干预组和对照组,干预组男生 40 人,对照组男生 38 人,干预组女生 32 人,对照组女生 33 人(表 4.1)。干预前,征得学生和家长的同意,并签署自愿参与书。

表 4.1 干预对象分布一览表($N=143$)

年级	组别	男生		女生		合计/人
		班级	人数/人	班级	人数/人	
初二	干预组	5、7	40	5、7	32	72
	对照组	4、6	38	4、6	33	71
	合计	/	78	/	65	143

4.2.2 干预时间

16 周。

4.2.3 干预内容与手段

4.2.3.1 健康教育讲座

健康教育讲座主要针对干预组学生开展,每月进行一次,共进行四次。

4.2.3.2 体质健康小报

体质健康小报主要是针对学生家长,将健康教育讲座的核心内容做成小报,目的是在让家长了解体质健康相关知识的同时,督促学生积极参与体育锻炼活动。该小报由学生带回家交与父母,请父母阅读,阅后签字并由学生带回,交与体育教师。具体内容与安排如表 4.2 所示。

表 4.2 体质健康小报的主题与发放安排

期	时间	主题
第一期	2013 年 9 月	日常生活与健康促进
第二期	2013 年 10 月	体育锻炼与健康
第三期	2013 年 11 月	科学运动方法
第四期	2013 年 12 月	运动损伤的预防与康复

4.2.3.3 体育课程设置

根据教学大纲和教学进度,本学期授课 1~16 周,每周两次课,每次课 45 分钟,教学内容主要是田径(50 米、4×100 米接力、800 米、立定跳远)、篮球和体操等内容。干预组和对照组学生的授课内容完全相同,不同的是准备活动。对照组学生按原教学计划进行,主要是慢跑 400 米和徒手操;干预组学生主要以游戏为主。具体安排如表 4.3 所示。

表 4.3 干预组和对照组体育课程安排情况

周次	准备活动		课程内容
	对照组	干预组	
第一~第四周	徒手操 8 节	游戏"贴膏药""队列练习"、篮球操	快速跑、篮球

续表

周次	准备活动		课程内容
	对照组	干预组	
第五~第八周	慢跑400米、徒手操8节	游戏"打鸭子""篮球与乒乓球"、徒手操	接力跑、篮球、跳远
第九~第十二周	慢跑400米、绳操8节	游戏"老鹰捉小鸡""双人跳绳接力"、徒手操4节	接力跑、跳远、身体素质练习
第十三~第十六周	慢跑400米、绳操8节	游戏"结网捕鱼""跳山羊"、绳操4节	耐久跑、体操技巧

根据教学安排，本学期除体育课外，每周两次体育活动课，每次课45分钟，课程安排以自由活动为主。根据教学内容对干预组学生实施干预，采用游戏与技术内容相结合的方式，体育教师指导并参与学生体育活动；对照组学生按原计划进行。具体安排如表4.4所示。

表4.4 干预组和对照组体育活动课安排情况

周次	对照组	干预组	备注
第一~第四周	按原计划自由活动	游戏"解脱接力""明七暗七""队列游戏"、跳绳、篮球、健康教育讲座一次	
第五~第八周	按原计划自由活动	游戏"摸肩""指部位""双人跳绳接力"、太极拳、排球、健康教育讲座一次	
第九~第十二周	按原计划自由活动	游戏"结网捕鱼""队列练习"、踢毽子、足球（男）、健美操（女）、健康教育讲座一次	
第十三~第十六周	按原计划自由活动	游戏"打鸭子""双人跳绳接力"、丢沙包、排球、健康教育讲座一次	

4.2.3.4 大课间活动设置

根据该学期大课间活动的安排，结合体育课程教学和学生实际情况，设计干预组学生大课间活动，对照组学生按照原活动计划进行。具体安排如表4.5所示。

表 4.5　干预组和对照组学生大课间活动安排情况

周次	对照组	干预组	备注
第一~第四周	①第九套广播体操； ②自由活动	①第九套广播体操； ②篮球、50 米跑、仰卧起坐（女）、引体向上（男）	
第五~第八周	①第九套广播体操； ②自由活动	①第九套广播体操； ②太极拳、跳绳、排球	
第九~第十二周	①第九套广播体操； ②自由活动	①第九套广播体操； ②丢沙包、健美操（女）、足球（男）	
第十三~第十六周	①第九套广播体操； ②自由活动	①第九套广播体操； ②25 米×2 往返跑、踢毽子、排球	

4.2.4　干预效果测试

4.2.4.1　问卷调查

在干预前后分别对干预组和对照组学生发放调查问卷，问卷主要包括自我效能量表、知觉利益量表、知觉障碍量表、社会支持量表（父母的支持）和体育活动量表，上述量表同第 3 章调查所用的量表。

4.2.4.2　体质测试

根据国家体育总局《国家学生体质健康标准解读》中关于初中、高中各年级学生体质健康标准评价指标选择测试项目，共测试身高和体重、肺活量、坐位体前屈、50 米、1 000 米（男）、800 米（女）七项。

（1）身高和体重

受试者赤足，以立正姿势站在身高计的地板上，上肢自然垂直，两足并拢，足尖分开呈 60°。足跟、骶骨部及两肩胛区与立柱相接触，躯干自然挺直，头部正直，耳屏上缘与眼眶下缘呈水平位。身高体重仪将记录受试者的成绩。

（2）肺活量

受试者面对仪器站立，手持吹气口嘴，深吸气，将口嘴堵住嘴部，屏住气向口嘴处慢慢呼出至不能再呼出为止，肺活量仪将记录受试者的成绩。

（3）坐位体前屈

受试者两腿伸直，两脚平蹬测试纵板坐在垫子上，两脚分开 10~15 厘米，身体前屈，用两手中指尖逐渐推动游标，两臂不得突然发力，推动游标时两腿不能弯曲，直到不能前推为止，坐位体前屈仪将记录受试者的成绩。两次测试均采用。

（4）50 米

受试者 6 人一组进行测试。站立式起跑，受试者听到"跑"的命令后开始起跑，发令员在发出口令时要摆动发令旗。计时员视旗动开表计时，受试者躯干部到达终点线的垂直面停表。以秒为单位记录受试者成绩。

（5）1 000 米（男）或 800 米（女）

受试者 6~8 人一组进行测试，站立式起跑。受试者听到"跑"的口令后开始起跑，发令员在发出口令时要摆动发令旗。计时员视旗动开表计时，受试者躯干部到达终点线的垂直面停表。以分、秒为单位记录受试者成绩。

4.2.5　干预过程组织与实施

4.2.5.1　组织措施

第一，对参与干预的学生召开座谈会，使其明白参与的目的，能够积极配合，并要求学生和家长签署自愿参与书。

第二，召开干预班级班主任、体育教师和参与干预实施人员会议，使干预过程得到他们的大力支持。

第三，召开专家座谈会，对干预方案的设计、实施和测试方案进行研讨。参加会议的人员有天津体育学院的李宗浩教授、王健教授、谭思洁教授，天津南开中学的司洪旭老师和实习学生李页思。

4.2.5.2　测试保障

参与本研究的测试人员来自体质健康专业、体育教育训练学专业的教师和研究生，以及南开中学的体育教师，他们多次参与体质健康测试，具有丰富的经验，并熟悉学生的情况。测试前对所有参与测试的工作人员进行相关培训，两次测试的工作人员一致，每次测试集中在三天内完成。

4.2.5.3 干预过程

本次干预过程由作者、实习研究生和南开中学体育教师共同设计和实施完成。作者设计研究方案，主要由实习研究生（天津体育学院在读硕士研究生，体育教育训练学专业）和南开中学体育教师共同实施完成。实习研究生本科与研究生为体育教育和体育教育训练学专业，对体育具有浓厚的兴趣和良好的科研基础；南开中学的体育教师均具有丰富的教学经验。干预期间，他们基本每天在学校进行监督和指导。

4.3 研究结果

4.3.1 健康促进干预前干预组和对照组的基本情况

参与本研究的青少年共143人，男生78人，女生65人。根据自然班和体育授课班（男女分班上课），随机分成干预组和对照组，保证干预过程的实施。干预前分别对干预组和对照组学生的年龄、身高、体重和体质健康等指标进行差异性检验，如表4.6所示，干预组和对照组学生年龄、身高、体重、体育活动和体质健康等指标差异不显著。这在一定程度上降低了干预对象在干预前两组间的差异，以及组内个体差异对干预效果产生的负面作用，从而有效地提高了通过样本特征对总体特征进行预测与评价的应用价值和适用范围，提高了干预效果分析的有效性。

表4.6 干预前干预组和对照组学生各指标差异性检验情况（$N=143$）

分组		年龄 M±SD	身高 M±SD	体重 M±SD	体质健康 M±SD
男生	干预组	13.48±0.50	169.09±7.24	58.53±15.03	67.80±10.92
	对照组	13.50±0.50	168.91±8.40	59.39±12.92	68.56±10.01
	P^*	0.828>0.05	0.645>0.05	0.787>0.05	0.750>0.05

续表

分组		年龄 M±SD	身高 M±SD	体重 M±SD	体质健康 M±SD
女生	干预组	13.50±0.51	161.11±5.78	49.99±8.74	76.48±10.41
	对照组	13.42±0.50	162.11±6.70	48.87±9.44	73.82±14.09
	P^*	0.548>0.05	0.458>0.05	0.620>0.05	0.39>0.05
总体	干预组	13.49±0.50	166.06±7.42	54.73±13.25	71.66±11.47
	对照组	13.46±0.50	165.06±8.80	54.05±12.53	71.01±12.28
	P^*	0.800>0.05	0.861>0.05	0.913>0.05	0.744>0.05

注：P^* 为 2-tailed。

4.3.2 健康促进干预后干预组和对照组各变量干预效果的统计分析

4.3.2.1 干预后干预组和对照组学生认知变量的干预效果分析

运用协方差分析和独立样本 t 检验对干预后干预组和对照组学生自我效能、知觉利益和知觉障碍等认知变量的干预效果进行比较分析，表4.7为各变量的描述性统计结果。

表4.7 干预后认知各变量的描述性统计结果（$N=143$）

变量	干预组（$N=72$）	对照组（$N=71$）
自我效能	3.58±0.58	3.11±0.54
知觉利益	3.95±0.50	3.70±0.60
知觉障碍	2.85±0.57	3.10±0.73

（1）自我效能的干预效果分析

运用协方差分析对干预后学生的自我效能进行分析。其中，因变量为参与研究学生的自我效能，自变量是分组组别，协变量为前测自我效能。检验各组别斜率是否相等是判断能否进行协方差分析的前提，本研究运用Ⅰ型方差分析模型（Type Ⅰ）检验各分组、自我效能的主效应及各分组与前测自我效能的交互作用。其检验结果显示（表4.8），分组与前测自我效能的交互作用（$F=1.869$，$p=$

0.174>0.05）不具有显著性，可以判定两组的斜率相等，满足继续进行协方差分析的条件。

表 4.8 自我效能变量协方差预分析的结果 （$N=143$）

方差来源	I 型平方和	df	均方值	F	p	偏 Eta^2
校正模型	14.156[a]	3	4.719	16.863	0.000	0.267
截距	1 606.397	1	1 606.397	5.741 E3	0.000	0.976
分组	8.053	1	8.053	28.779	0.000	0.172
前测自我效能	5.580	1	5.580	19.941	0.000	0.125
分组与前测自我效能	0.523	1	0.523	1.869	0.174	0.013
误差	38.896	139	0.280			
总方差	1 659.449	143				
校正的总方差	53.052	142				

注：a 表示 $R^2=0.267$（调整 $R^2=0.251$）。

在验证数据满足协方差分析条件之后，去掉交互项并采用Ⅲ型方差分析模型（Type Ⅲ）来继续验证干预后干预组和对照组的修正均数是否存在差异。通过对自我效能与分组主效应的分析和对干预组与对照组的修正均值的比较分析，其结果显示（表 4.9），分组（$F=28.250$，$p=0.000<0.05$）与前测自我效能（$F=19.818$，$p=0.000<0.05$）主效应均具有显著性，说明分组和前测自我效能都对学生自我效能产生影响。

表 4.9 自我效能变量协方差正式分析的结果 （$N=143$）

方差来源	Ⅲ型平方和	df	均方值	F	p	偏 Eta^2
校正模型	13.633[a]	2	6.816	24.209	0.000	0.257
截距	32.525	1	32.525	115.515	0.000	0.452
分组	7.954	1	7.954	28.250	0.000	0.168
前测自我效能	5.580	1	5.580	19.818	0.000	0.124
误差	39.419	140	0.280			
总方差	1 659.449	143				
校正的总方差	53.052	142				

注：a 表示 $R^2=0.257$（调整 $R^2=0.246$）。

通过比较干预后干预组与对照组自我效能修正均值及相应的置信区间可以得出（表 4.10），干预组学生自我效能的修正均值明显高于对照组学生自我效能的修正均值。

表 4.10　干预后干预组与对照组自我效能修正均值及相应的置信区间（$N=143$）

分组	均值	标准误	95%的置信区间	
			下限值	上限值
干预组	3.586^a	0.063	3.462	3.709
对照组	3.114^a	0.063	2.990	3.239

注：a 表示该修正均值是按照前测自我效能为 3.056 9 进行计算的。

干预后干预组与对照组自我效能修正均数的方差分析结果表明（表 4.11），在去除协变量前测自我效能对干预效果的影响后，干预组和对照组自我效能的差异仍具有显著性差异（$p=0.000<0.05$）。综合表 4.10 和表 4.11 可以得出，干预组学生的自我效能水平高于对照组学生的自我效能水平，进一步说明，本研究设计的干预方案对提高学生自我效能水平具有较好的效果。

表 4.11　干预后干预组与对照组自我效能修正均数的方差分析结果（$N=143$）

实验分组（I）	实验分组（J）	平均值（I-J）	标准误	p	95%的置信区间	
					下限值	上限值
干预组	对照组	0.475*	0.094	0.000	0.289	0.661
对照组	干预组	-0.475*	0.094	0.000	-0.661	-0.289

注：* 表示 $p<0.05$；修正的多重比较方法为 LSD（Least Significant Difference，最小显著性差异）法。

（2）知觉利益的干预效果分析

运用协方差分析对干预后学生的知觉利益进行分析。其中，因变量为参与研究学生的知觉利益，自变量是分组组别，协变量为前测知觉利益。检验各组别斜率是否相等是判断能否进行协方差分析的前提，本研究运用 I 型方差分析模型（Type I）检验各分组、知觉利益的主效应及各分组与前测知觉利益的交互作用。其检验结果显示（表 4.12），分组与前测知觉利益的交互作用（$F=0.109$，$p=$

0.742>0.05）不具有显著性，可以判定两组的斜率相等，满足继续进行协方差分析的条件。

表4.12　知觉利益变量协方差预分析的结果（$N=143$）

方差来源	I型平方和	df	均方值	F	p	偏Eta^2
校正模型	5.809[a]	3	1.936	6.759	0.000	0.127
截距	2 094.922	1	1 606.397	7.312 E3	0.000	0.981
分组	2.352	1	2.352	8.209	0.005	0.056
前测知觉利益	3.426	1	3.426	11.957	0.001	0.079
分组与前测知觉利益	0.31	1	0.31	0.109	0.742	0.001
误差	39.825	139	0.280			
总方差	2 140.556	143				
校正的总方差	45.634	142				

注：a表示$R^2=0.127$（调整$R^2=0.108$）。

在验证数据满足协方差分析条件之后，去掉交互项并采用Ⅲ型方差分析模型（Type Ⅲ）来继续验证干预后干预组和对照组修正均数是否存在差异。通过对知觉利益与分组主效应的分析和对干预组与对照组的修正均值的比较分析，其结果显示（表4.13），分组（$F=12.034$，$p=0.001<0.05$）与前测知觉利益（$F=9.867$，$p=0.002<0.05$）主效应均具有显著性，说明分组和前测知觉利益都对学生的知觉利益产生影响。

表4.13　知觉利益变量协方差正式分析的结果（$N=143$）

方差来源	Ⅲ型平方和	df	均方值	F	p	偏Eta^2
校正模型	5.778[a]	2	2.889	10.148	0.000	0.127
截距	26.793	1	26.793	94.114	0.000	0.402
分组	2.809	1	2.809	12.034	0.001	0.079
前测知觉利益	3.426	1	3.426	9.867	0.002	0.066
误差	39.856	140	0.285			
总方差	2 140.556	143				
校正的总方差	45.634	142				

注：a表示$R^2=0.127$（调整$R^2=0.114$）。

通过比较干预后干预组与对照组学生知觉利益修正均值及相应的置信区间可以得出（表4.14），干预组学生知觉利益的修正均值高于对照组学生知觉利益的修正均值。

表4.14　干预后干预组与对照组知觉利益修正均值及相应的置信区间（$N=143$）

分组	均值	标准误	95%的置信区间	
			下限值	上限值
干预组	3.967[a]	0.063	3.843	4.092
对照组	3.686[a]	0.063	3.561	3.811

注：a 表示该修正均值是按照前测知觉利益为3.799进行计算的。

干预后干预组与对照组知觉利益修正均数的方差分析结果表明（表4.15），在去除协变量前测知觉利益对干预效果的影响后，干预组和对照组知觉利益的差异仍具有显著性差异（$p=0.006<0.05$）。综合表4.13和表4.14可以得出，干预组学生的知觉利益水平高于对照组学生的知觉利益水平，进一步说明，本研究设计的干预方案对提高学生知觉利益水平具有较好的效果。

表4.15　干预后干预组与对照组知觉利益修正均数的方差分析结果（$N=143$）

实验分组（I）	实验分组（J）	平均值（I-J）	标准误	p	95%的置信区间	
					下限值	上限值
干预组	对照组	0.257*	0.093	0.006	0.074	0.439
对照组	干预组	-0.257*	0.093	0.006	-0.439	-0.074

注：* 表示 $p<0.05$；修正的多重比较方法为 LSD 法。

（3）知觉障碍的干预效果分析

运用协方差分析对干预后学生的知觉障碍进行分析。其中，因变量为参与研究学生的知觉障碍，自变量是分组组别，协变量为前测知觉障碍。检验各组别斜率是否相等是判断能否进行协方差分析的前提，本研究运用 I 型方差分析模型（Type I）检验各分组、知觉障碍的主效应及各分组与前测知觉障碍的交互作用。其检验结果显示（表4.17），分组主效应（$F=4.965$，$p=0.027<0.05$）达显著性水平，前测知觉障碍协变量（$F=1.760$，$p=0.187>0.05$）不具有显著性，分组与前测知觉障碍的交互作用（$F=0.524$，$p=0.471>0.05$）不具有显著性。可以得出，协变量前测知觉障碍没有对干预效果产生影响。因此，运用独立样本 t 检验来检验干预后干预组和对照组学生知觉障碍水平的差异性。

表 4.16　知觉障碍变量协方差预分析的结果（$N=143$）

方差来源	I 型平方和	df	均方值	F	p	偏 Eta^2
校正模型	3.133^a	3	1.044	2.416	0.069	0.050
截距	1 272.044	1	1 272.044	2.943 E3	0.000	0.955
分组	2.146	1	2.146	4.965	0.027	0.034
前测知觉障碍	0.761	1	0.761	1.760	0.187	0.013
分组与前测知觉障碍	0.226	1	0.226	0.524	0.471	0.004
误差	60.073	139	0.432			
总方差	1 335.250	143				
校正的总方差	63.206	142				

注：a 表示 $R^2=0.086$（调整 $R^2=0.066$）。

表 4.17 的 t 检验结果显示，干预组学生知觉障碍 Mean＝2.86±0.57，对照组学生知觉障碍 Mean＝3.10±0.73，df＝141，$t=-2.226$，$p=0.028<0.05$，这说明干预后干预组和对照组学生知觉障碍水平具有显著性差异，且干预后干预组学生知觉障碍水平明显低于对照组。

表 4.17　干预对知觉障碍变量的效果检验（$N=143$）

因变量	分组	N	Mean	SD	t	df	P^*
知觉障碍	干预组	72	2.86	0.57	-2.226	141	0.028
	对照组	71	3.10	0.73			

注：P^* 为 2-tailed。

4.3.2.2　干预后干预组和对照组社会支持变量干预效果的统计分析

运用协方差分析对干预后干预组和对照组学生社会支持变量的干预效果进行比较分析，表 4.18 为其描述性统计结果。

表 4.18　干预后社会支持变量的描述性统计结果 （$N=143$）

变量	干预组（$N=72$）	对照组（$N=71$）
社会支持	3.21±0.71	2.92±0.70

运用协方差分析对干预后学生的社会支持进行分析。其中，因变量为参与研究学生的社会支持，自变量是分组组别，协变量为前测社会支持。检验各组别斜率是否相等是判断能否进行协方差分析的前提，本研究运用Ⅰ型方差分析模型（Type Ⅰ）检验各分组、社会支持的主效应及各分组与前测社会支持的交互作用。其检验结果显示（表 4.19），分组与前测社会支持的交互作用（$F=2.943$，$p=0.088>0.05$）不具有显著性，可以判定两组的斜率相等，满足继续进行协方差分析的条件。

表 4.19　社会支持变量协方差预分析的结果 （$N=143$）

方差来源	Ⅰ型平方和	df	均方值	F	p	偏 Eta^2
校正模型	6.297ᵃ	3	2.099	4.346	0.006	0.086
截距	1 344.147	1	1 344.147	2.783 E3	0.000	0.952
分组	2.943	1	2.943	6.093	0.011	0.042
前测社会支持	1.933	1	1.933	4.003	0.042	0.028
分组与前测社会支持	1.421	1	1.421	2.943	0.088	0.021
误差	67.129	139	0.483			
总方差	1 417.573	143				
校正的总方差	73.426	142				

注：a 表示 $R^2=0.086$（调整 $R^2=0.066$）。

在验证数据满足协方差分析条件之后，去掉交互项并采用Ⅲ型方差分析模型（Type Ⅲ）来继续验证干预后干预组和对照组修正均数是否存在差异。通过对社会支持与分组主效应的分析和对干预组与对照组的修正均值的比较分析，其结果显示（表 4.20），分组（$F=6.000$，$p=0.012<0.05$）与前测社会支持（$F=3.948$，$p=0.045<0.05$）主效应均具有显著性，说明分组和前测社会支持都对学生社会支持产生影响。

表 4.20　社会支持变量协方差正式分析的结果（$N=143$）

方差来源	Ⅲ型平方和	df	均方值	F	p	偏 Eta^2
校正模型	4.876[a]	2	2.438	4.979	0.008	0.066
截距	52.013	1	52.013	106.226	0.000	0.431
分组	2.938	1	2.938	6.000	0.012	0.041
前测社会支持	1.933	1	1.933	3.948	0.045	0.027
误差	68.550	140	0.490			
总方差	1 417.573	143				
校正的总方差	73.426	142				

注：a 表示 $R^2=0.066$（调整 $R^2=0.053$）。

通过比较干预后干预组与对照组社会支持修正均值及相应的置信区间可以得出（表4.21），干预组学生社会支持的修正均值高于对照组社会支持的修正均值。

表 4.21　干预后干预组与对照组社会支持修正均值及相应的置信区间（$N=143$）

分组	均值	标准误	95%的置信区间	
			下限值	上限值
干预组	3.208[a]	0.082	3.045	3.371
对照组	2.922[a]	0.083	2.757	3.086

注：a 表示该修正均值是按照前测社会支持为 2.644 8 进行计算的。

干预后干预组与对照组社会支持修正均数的方差分析结果表明（表 4.22），在去除协变量前测社会支持对干预效果的影响后，干预组和对照组社会支持的差异仍具有显著性差异（$p=0.016<0.05$）。综合表 4.21 和表 4.22 可以得出，干预组学生的社会支持水平高于对照组学生的社会支持水平，进一步说明，本研究设计的干预方案对提高学生社会支持水平具有较好的效果。

表 4.22　干预后干预组与对照组社会支持修正均数的方差分析结果 ($N=143$)

实验分组（I）	实验分组（J）	平均值（I-J）	标准误	p	95%的置信区间	
					下限值	上限值
干预组	对照组	0.287*	0.118	0.016	0.054	0.520
对照组	干预组	-0.287*	0.118	0.016	-0.520	-0.054

注：* 表示 $p<0.05$；修正的多重比较方法为 LSD 法。

4.3.2.3　干预后干预组和对照组体育活动变量干预效果的统计分析

运用协方差分析对干预后干预组和对照组学生体育活动的干预效果进行比较分析，表 4.23 为各变量的描述性统计结果。

表 4.23　干预后学生体育活动的描述性统计结果 ($N=143$)

变量	干预组（$N=72$）	对照组（$N=71$）
体育活动	417.08±289.56	334.23±244.84

运用协方差分析对干预后学生的体育活动进行分析。其中，因变量为参与研究学生的体育活动，自变量是分组组别，协变量为前测体育活动。检验各组别斜率是否相等是判断能否进行协方差分析的前提，本研究运用 I 型方差分析模型（Type I）检验各分组、体育活动的主效应及各分组与前测体育活动的交互作用。其检验结果显示（表 4.24），分组与前测体育活动的交互作用（$F=0.244$，$p=0.622>0.05$）不具有显著性，可以判定两组的斜率相等，满足继续进行协方差分析的条件。

表 4.24　体育活动变量协方差预分析的结果 ($N=143$)

方差来源	I 型平方和	df	均方值	F	p	偏 Eta^2
校正模型	6.813 E6ª	3	2 270 923.006	88.126	0.000	0.655
截距	2.021 E7	1	2.021 E7	784.308	0.000	0.849
分组	245 427.658	1	245 427.658	9.524	0.002	0.064
前测体育活动	6 561 041.918	1	656 1041.918	254.611	0.000	0.647
分组与前测体育活动	6 299.441	1	6 299.441	0.244	0.622	0.002

续表

方差来源	I 型平方和	df	均方值	F	p	偏 Eta²
误差	3 581 878.535	139	25 768.910			
总方差	3.061 E7	143				
校正的总方差	1.039 E7	142				

注：a 表示 $R^2 = 0.655$（调整 $R^2 = 0.648$）。

在验证数据满足协方差分析条件之后，去掉交互项并采用 III 型方差分析模型（Type III）来继续验证干预后干预组和对照组修正均值是否存在差异。通过对体育活动与分组主效应的分析和对干预组与对照组的修正均值的比较分析，其结果显示（表 4.25），分组（$F = 255.992$，$p = 0.000 < 0.05$）与前测体育活动（$F = 8.065$，$p = 0.005 < 0.05$）主效应均具有显著性，说明分组和前测体育活动都对学生体育活动产生影响。

表 4.25　体育活动变量协方差正式分析的结果（$N = 143$）

方差来源	III 型平方和	df	均方值	F	p	偏 Eta²
校正模型	6.806 E6ª	2	3 403 234.788	132.784	0.000	0.655
截距	318 748.911	1	318 748.911	12.437	0.001	0.082
分组	6 561 041.918	1	6 561 041.918	255.992	0.000	0.646
前测体育活动	206 708.012	1	206 708.012	8.065	0.005	0.054
误差	3 588 177.976	140	25 629.843			
总方差	3.061 E7	143				
校正的总方差	1.039 E7	142				

注：a 表示 $R^2 = 0.665$（调整 $R^2 = 0.650$）。

通过比较干预后干预组与对照组体育活动修正均值及相应的置信区间可以得出（表 4.26），干预组学生体育活动的修正均值明显高于对照组体育活动的修正均值。

表 4.26 干预后干预组与对照组体育活动修正均值及相应的置信区间（$N=143$）

分组	均值	标准误	95%的置信区间	
			下限值	上限值
干预组	4.137 E2[a]	18.868	376.400	451.007
对照组	3.377 E2[a]	19.001	300.087	375.218

注：a 表示该修正均值是按照前测体育活动为 317.20 进行计算的。

干预后干预组与对照组体育活动修正均数的方差分析结果表明（表 4.27），在去除协变量前测体育活动对干预效果的影响后，干预组和对照组体育活动仍具有显著性差异（$p=0.036<0.05$）。综合表 4.26 和表 4.27 可以得出，干预组学生的体育活动水平高于对照组学生的体育活动水平，进一步说明，本研究设计的干预方案对提高学生体育活动水平具有较好的效果。

表 4.27 干预后干预组与对照组体育活动修正均值的方差分析结果（$N=143$）

(I) 实验分组	(J) 实验分组	平均值 (I-J)	标准误	p	95%的置信区间	
					下限值	上限值
干预组	对照组	162.355*	76.954	0.036	10.88	313.83
对照组	干预组	-162.355*	76.954	0.036	-313.83	-1 088

注：* 表示 $p<0.05$；修正的多重比较方法为 LSD 法。

4.3.2.4 干预后干预组体质健康变量干预效果的统计分析

运用协方差分析和独立样本 t 检验对干预后干预组和对照组学生体质健康的干预效果进行比较分析，表 4.28 为各变量的描述性统计结果。

表 4.28 干预后学生体质健康各变量的描述性统计结果（$N=143$）

变量	干预组（$N=72$）	对照组（$N=71$）
体质健康	75.56±10.21	71.58±9.08
身高标准体重	71.11±20.04	72.25±20.58
肺活量体重指数	73.78±17.11	70.23±21.69
坐位体前屈	77.82±16.46	75.37±17.87

续表

变量	干预组（$N=72$）	对照组（$N=71$）
50 米	78.28±16.524	78.46±17.904
1 000 米/800 米	74.78±11.18	65.30±11.15

（1）体质健康整体水平

运用协方差分析对干预后学生的体质健康进行分析。其中，因变量为参与研究学生的体质健康，自变量是分组组别，协变量为前测体质健康。检验各组别斜率是否相等是判断能否进行协方差分析的前提，本研究运用Ⅰ型方差分析模型（Type Ⅰ）检验各分组、体质健康的主效应及各分组与前测体质健康的交互作用。其检验结果显示（表4.29），分组与前测体质健康的交互作用（$F=0.435$，$p=0.511>0.05$）不具有显著性，可以判定两组的斜率相等，满足继续进行协方差分析的条件。

表 4.29 体质健康变量协方差预分析的结果（$N=143$）

方差来源	Ⅰ型平方和	df	均方值	F	p	偏 Eta^2
校正模型	7 666.676ª	3	2 555.559	58.535	0.000	0.558
截距	774 352.984	1	774 352.984	1.774 E4	0.000	0.992
分组	563.114	1	563.114	12.898	0.000	0.085
前测体质健康	7 084.582	1	7 084.582	162.272	0.000	0.539
分组与前测体质健康	18.980	1	18.980	0.435	0.511	0.003
误差	6 068.557	139	43.659			
总方差	788 088.217	143				
校正的总方差	13 735.234	142				

注：a 表示 $R^2=0.558$（调整 $R^2=0.549$）。

在验证数据满足协方差分析条件之后，去掉交互项并采用Ⅲ型方差分析模型（Type Ⅲ）来继续验证干预后干预组和对照组修正均数是否存在差异。通过对体质健康与分组主效应的分析和对干预组与对照组的修正均值的比较分析，其结果显示（表4.30），分组（$F=15.104$，$p=0.000<0.05$）与前测体质健康（$F=162.930$，$p=0.000<0.05$）主效应均具有显著性，说明分组和前测体质健康

都对学生体质健康产生影响。

表4.30 体质健康变量协方差正式分析的结果（$N=143$）

方差来源	III型平方和	df	均方值	F	p	偏 Eta^2
校正模型	7 647.696[a]	2	3823.848	87.940	0.000	0.557
截距	2 076.724	1	2 076.724	62.249	0.000	0.308
分组	656.739	1	656.739	15.104	0.000	0.097
前测体质健康	7 084.582	1	7084.582	162.930	0.000	0.538
误差	6 087.538	140	43.482			
总方差	788 088.217	143				
校正的总方差	13 735.234	142				

注：a 表示 $R^2=0.557$（调整 $R^2=0.550$）。

通过比较干预后干预组与对照组体质健康修正均值及相应的置信区间可以得出（表4.31），干预组学生体质健康的修正均值高于对照组体质健康的修正均值。

表4.31 干预后干预组与对照组体质健康修正均值及相应的置信区间（$N=143$）

分组	均值	标准误	95%的置信区间	
			下限值	上限值
干预组	75.716[a]	0.777	74.179	77.252
对照组	71.428[a]	0.783	69.881	72.976

注：a 表示该修正均值是按照前测体质健康为70.007进行计算的。

干预后干预组与对照组体质健康修正均值的方差分析结果表明（表4.32），在去除协变量前测体质健康对干预效果的影响后，干预组和对照组体质健康仍具有显著性差异（$p=0.006<0.05$）。综合表4.31和表4.32可以得出，干预组学生的体质健康水平高于对照组学生的体质健康水平，进一步说明，本研究设计的干预方案对提高学生体质健康水平具有较好的效果。

表 4.32　干预后干预组与对照组体质健康修正均值的方差分析结果（$N=143$）

实验分组（I）	实验分组（J）	平均值（I-J）	标准误	p	95%的置信区间	
					下限值	上限值
干预组	对照组	3.968 9*	1.616 6	0.015	0.787	7.151
对照组	干预组	-3.968 9*	1.616 6	0.015	-7.151	-0.787

注：*表示 $p<0.05$；修正的多重比较方法为 LSD 法。

(2) 身高标准体重

运用协方差分析对干预后学生的身高标准体重进行分析。其中，因变量为参与研究学生的身高标准体重，自变量是分组组别，协变量为前测身高标准体重。检验各组别斜率是否相等是判断能否进行协方差分析的前提，本研究运用 I 型方差分析模型（Type I）检验各分组、身高标准体重的主效应及各分组与前测身高标准体重的交互作用。其检验结果显示（表 4.33），分组的主效应（$F=0.116$，$p=0.734>0.05$）不具有显著性，前测身高标准体重的主效应（$F=5.767$，$p=0.018<0.05$）具有显著性，分组与前测身高标准体重的交互作用（$F=0.288$，$p=0.592>0.05$）不具有显著性，可以判定两组的斜率相等，满足继续进行协方差分析的条件。

表 4.33　身高标准体重变量协方差预分析的结果（$N=143$）

方差来源	I 型平方和	df	均方值	F	p	偏 Eta^2
校正模型	2 474.132ª	3	824.711	2.057	0.109	0.043
截距	734 702.797	1	734 702.797	1.833E3	0.000	0.930
分组	46.655	1	46.655	0.116	0.734	0.001
前测身高标准体重	2 311.926	1	2 311.926	5.767	0.018	0.040
分组与前测身高标准体重	115.551	1	115.551	0.288	0.592	0.002
误差	55 723.071	139	400.885			
总方差	792 900.000	143				
校正的总方差	58 197.203	142				

注：a 表示 $R^2=0.43$（调整 $R^2=0.022$）。

协方差预分析结果表明数据满足协方差分析条件，但是协变量前测身高标准体重的主效应具有显著性，而自变量分组的主效应不具有显著性，需要进一步探讨分组主效应不显著是否由于协变量前测身高标准体重导致。因此，去掉交互项并采用Ⅲ型方差分析模型（Type Ⅲ）来继续验证干预后干预组和对照组修正均值是否存在差异。通过对身高标准体重与分组主效应的分析和对干预组与对照组的修正均值的比较分析，其结果显示（表4.34），分组的主效应（$F=0.074$，$p=0.786>0.05$）不具有显著性，前测身高标准体重（$F=5.797$，$p=0.017<0.05$）主效应具有显著性，说明分组对学生身高标准体重不产生影响，而前测身高标准体重对学生身高标准体重产生影响。

表4.34 身高标准体重变量协方差正式分析的结果（$N=143$）

方差来源	Ⅲ型平方和	df	均方值	F	p	偏 Eta^2
校正模型	2 358.581[a]	2	1 179.291	2.957	0.055	0.041
截距	33 360.183	1	33 360.183	83.641	0.000	0.374
分组	29.581	1	29.581	0.074	0.786	0.001
前测身高标准体重	2 311.926	1	2 311.926	5.797	0.017	0.040
误差	55 838.621	140	398.847			
总方差	792 900.000	143				
校正的总方差	58 197.203	142				

注：a 表示 $R^2=0.041$（调整 $R^2=0.027$）。

比较干预后干预组与对照组学生身高标准体重修正均值及相应的置信区间可以得出（表4.35），干预组和对照组学生身高标准体重的修正均值无显著性差异。

表4.35 干预后干预组与对照组身高标准体重修正均值及相应的置信区间（$N=143$）

分组	均值	标准误	95%的置信区间	
			下限值	上限值
干预组	71.226[a]	2.354	66.572	75.881
对照组	72.137[a]	2.371	67.450	76.823

注：a 表示该修正均值是按照前测身高标准体重为68.74进行计算的。

干预后干预组与对照组身高标准体重修正均值的方差分析结果表明（表

4.36），在去除协变量前测身高标准体重对干预效果的影响后，干预组和对照组身高标准体重的差异不具有显著性（$p=0.929>0.05$）。综合表4.35和表4.36可以得出，干预组和对照组学生的身高标准体重水平没有差异。

表4.36 干预后干预组与对照组身高标准体重修正均值的方差分析结果（$N=143$）

实验分组（I）	实验分组（J）	平均值（I-J）	标准误	p	95%的置信区间	
					下限值	上限值
干预组	对照组	-0.309*	3.456	0.929	-7.11	6.49
对照组	干预组	0.309*	3.456	0.929	-0.649	7.11

注：*表示$p<0.05$；修正的多重比较方法为LSD法。

（3）肺活量体重指数

运用协方差分析对干预后学生的肺活量体重指数进行分析。其中，因变量为参与研究学生的肺活量体重指数，自变量是分组组别，协变量为前测肺活量体重指数。检验各组别斜率是否相等是判断能否进行协方差分析的前提，本研究运用 I 型方差分析模型（Type I）检验各分组、肺活量体重指数的主效应及各分组与前测肺活量体重指数的交互作用。其检验结果显示（表4.37），分组的主效应（$F=1.509$，$p=0.221>0.05$）不具有显著性，前测肺活量体重指数的主效应（$F=39.856$，$p=0.000<0.05$）具有显著性，分组与前测肺活量体重指数的交互作用（$F=0.788$，$p=0.376>0.05$）不具有显著性，可以判定两组的斜率相等，满足继续进行协方差分析的条件。

表4.37 肺活量体重指数变量协方差预分析的结果（$N=143$）

方差来源	I 型平方和	df	均方值	F	p	偏 Eta^2
校正模型	12 601.220[a]	3	4 200.407	14.051	0.000	0.233
截距	741 600.028	1	741 600.028	2.481 E3	0.000	0.947
分组	451.133	1	451.133	1.509	0.221	0.011
前测肺活量体重指数	11 914.608	1	11 914.608	39.856	0.000	0.223
分组与前测肺活量体重指数	235.479	1	235.479	0.788	0.376	0.006
误差	41 552.752	139	298.941			

续表

方差来源	I 型平方和	df	均方值	F	p	偏 Eta²
总方差	795 754.000	143				
校正的总方差	54 153.972	142				

注：a 表示 $R^2 = 0.233$（调整 $R^2 = 0.216$）。

协方差预分析结果表明数据满足协方差分析条件，但是协变量前测肺活量体重指数的主效应具有显著性，而自变量分组的主效应不具有显著性，需要进一步探讨分组主效应不显著是否由于协变量前测肺活量体重指数导致。因此，去掉交互项并采用 III 型方差分析模型（Type III）来继续验证干预后干预组和对照组修正均值是否存在差异。通过对肺活量体重指数与分组主效应的分析和对干预组与对照组的修正均值的比较分析，其结果显示（表 4.38），分组的主效应（$F = 2.118$，$p = 0.148 > 0.05$）不具有显著性，前测肺活量体重指数（$F = 39.917$，$p = 0.000 < 0.05$）主效应具有显著性，说明分组对学生肺活量体重指数不产生影响，而前测肺活量体重指数对学生肺活量体重指数产生影响。

表 4.38　肺活量体重指数变量协方差正式分析的结果（$N = 143$）

方差来源	III 型平方和	df	均方值	F	p	偏 Eta²
校正模型	12 365.741ᵃ	2	6 182.871	20.714	0.000	0.228
截距	22 937.181	1	22 937.181	76.845	0.000	0.354
分组	632.337	1	632.337	2.118	0.148	0.015
前测肺活量体重指数	11 914.608	1	11 914.608	39.917	0.000	0.222
误差	41 788.231	140	298.487			
总方差	795 754.000	143				
校正的总方差	54 153.972	142				

注：a 表示 $R^2 = 0.228$（调整 $R^2 = 0.217$）。

通过比较干预后干预组与对照组学生肺活量体重指数修正均值及相应的置信区间可以得出（表 4.39），干预组学生肺活量体重指数的修正均值明显高于对照组学生肺活量体重指数的修正均值。

表4.39　干预后干预组与对照组肺活量体重指数修正均值及相应的置信区间 （$N=143$）

分组	均值	标准误	95%的置信区间	
			下限值	上限值
干预组	74.104[a]	2.037	70.077	78.130
对照组	69.895[a]	2.051	65.840	73.950

注：a 表示该修正均值是按照前测肺活量体重指数为70.21进行计算的。

干预后干预组与对照组肺活量体重指数修正均值的方差分析结果表明（表4.40），在去除协变量前测肺活量体重指数对干预效果的影响后，干预组和对照组肺活量体重指数不具有显著性差异（$p=0.277>0.05$）。综合表4.39和表4.40可以得出，干预组和对照组学生的肺活量体重指数水平没有差异。

表4.40　干预后干预组与对照组肺活量体重指数修正均值的方差分析结果 （$N=143$）

实验分组（I）	实验分组（J）	平均值（I-J）	标准误	p	95%的置信区间	
					下限值	上限值
干预组	对照组	3.552*	3.264	0.277	-2.87	9.98
对照组	干预组	-3.552*	3.264	0.277	-9.98	2.87

注：* 表示 $p<0.05$；修正的多重比较方法为LSD法。

（4）坐位体前屈

运用协方差分析对干预后学生的坐位体前屈进行分析。其中，因变量为参与研究学生的坐位体前屈，自变量是分组组别，协变量为前测坐位体前屈。检验各组别斜率是否相等是判断能否进行协方差分析的前提，本研究运用I型方差分析模型（Type I）检验各分组、坐位体前屈的主效应及各分组与前测坐位体前屈的交互作用。其检验结果显示（表4.41），分组与前测坐位体前屈的交互作用（$F=0.034$，$p=0.854>0.05$）不具有显著性，可以判定两组的斜率相等，满足继续进行协方差分析的条件。

表4.41　坐位体前屈变量协方差预分析的结果 （$N=143$）

方差来源	I型平方和	df	均方值	F	p	偏Eta^2
校正模型	35 506.661[a]	3	11 835.554	261.648	0.000	0.850

续表

方差来源	I型平方和	df	均方值	F	p	偏Eta²
截距	839 091.720	1	839 091.720	1.855 E4	0.000	0.993
分组	215.148	1	215.148	4.756	0.031	0.033
前测坐位体前屈	35 289.973	1	35 289.973	780.153	0.000	0.849
分组与前测坐位体前屈	1.540	1	1.540	0.034	0.854	0.000
误差	6 287.619	139	45.235			
总方差	880 886.000	143				
校正的总方差	41 794.280	142				

注：a 表示 $R^2=0.850$（调整 $R^2=0.846$）。

在验证数据满足协方差分析条件之后，去掉交互项并采用 III 型方差分析模型（Type III）来继续验证干预后干预组和对照组修正均值是否存在差异。通过对坐位体前屈与分组主效应的分析和对干预组与对照组的修正均值的比较分析，其结果显示（表4.42），分组（$F=5.776$，$p=0.018<0.05$）与前测坐位体前屈（$F=785.573$，$p=0.000<0.05$）主效应均具有显著性，说明分组和前测坐位体前屈都对学生坐位体前屈产生影响。

表4.42 坐位体前屈变量协方差正式分析的结果（$N=143$）

方差来源	III型平方和	df	均方值	F	p	偏Eta²
校正模型	35 505.121ª	2	17 752.560	395.181	0.000	0.850
截距	1 431.305	1	1 431.305	31.862	0.000	0.185
分组	259.457	1	259.457	5.776	0.018	0.040
前测坐位体前屈	35 289.973	1	35 289.973	785.573	0.000	0.849
误差	6 289.159	140	44.923	5.776		
总方差	880 886.000	143				
校正的总方差	41 794.280	142				

注：a 表示 $R^2=0.850$（调整 $R^2=0.847$）。

比较健康促进干预后干预组与对照组坐位体前屈修正均值及相应的置信区间可以得出（表4.43），干预组坐位体前屈的修正均值高于对照组坐位体前屈的修正均值。

表 4.43　干预后干预组与对照组坐位体前屈修正均值及相应的置信区间（$N=143$）

分组	均值	标准误	95%的置信区间	
			下限值	上限值
干预组	77.939[a]	0.790	76.377	79.501
对照组	75.245[a]	0.795	73.672	76.818

注：a 表示该修正均值是按照前测坐位体前屈为 74.13 进行计算的。

健康促进干预后干预组与对照组坐位体前屈修正均值的方差分析结果表明（表 4.44），在去除协变量前测坐位体前屈对干预效果的影响后，干预组和对照组坐位体前屈的差异不具有显著性（$p=0.394<0.05$）。综合表 4.43 和表 4.44 可以得出，虽然干预组学生的坐位体前屈水平高于对照组学生的坐位体前屈水平，但二者不具有显著性差异。

表 4.44　干预后干预组与对照组坐位体前屈修正均数的方差分析结果（$N=143$）

实验分组（I）	实验分组（J）	平均值（I-J）	标准误	p	95%的置信区间	
					下限值	上限值
干预组	对照组	2.453*	2.872	0.394	-8.11	3.20
对照组	干预组	-2.453*	2.872	0.394	-3.20	8.11

注：* 表示 $p<0.05$；修正的多重比较方法为 LSD 法。

（5）50 米

运用协方差分析对干预后学生的 50 米进行分析。其中，因变量为参与研究学生的 50 米，自变量是分组组别，协变量为前测 50 米。检验各组别斜率是否相等是判断能否进行协方差分析的前提，本研究运用 I 型方差分析模型（Type I）检验各分组、50 米的主效应及各分组与前测 50 米的交互作用。其检验结果显示（表 4.45）：分组的主效应（$F=0.006$，$p=0.936>0.05$）不具有显著性，前测 50 米的主效应（$F=109.235$，$p=0.000<0.05$）具有显著性，分组与前测 50 米的交互作用（$F=3.194$，$p=0.076>0.05$）不具有显著性，可以判定两组的斜率相等，满足继续进行协方差分析的条件。

表 4.45　50 米变量协方差预分析的结果 （$N=143$）

方差来源	I 型平方和	df	均方值	F	p	偏 Eta^2
校正模型	18 704.222^a	3	6 234.741	37.478	0.000	0.447
截距	878 456.392	1	878 456.392	5.281 E3	0.000	0.974
分组	1.071	1	1.071	0.006	0.936	0.000
前测 50 米	18 171.881	1	18 171.881	109.235	0.000	0.440
分组与前测 50 米	531.270	1	531.270	3.194	0.076	0.022
误差	23 123.386	139	166.355			
总方差	920 284.000	143				
校正的总方差	41 827.608	142				

注：a 表示 $R^2=0.447$（调整 $R^2=0.435$）。

协方差预分析结果表明数据满足协方差分析条件，但是协变量前测 50 米的主效应具有显著性，而自变量分组的主效应不具有显著性，需要进一步探讨分组主效应不显著是否由于协变量前测 50 米导致。因此，去掉交互项并采用 III 型方差分析模型（Type III）来继续验证干预后干预组和对照组修正均值是否存在差异。通过对 50 米与分组主效应的分析和对干预组与对照组的修正均值的比较分析，其结果显示（表 4.46），分组的主效应（$F=0.066$，$p=0.797>0.05$）不具有显著性，前测 50 米（$F=107.550$，$p=0.000<0.05$）主效应具有显著性，说明分组对学生 50 米不产生影响，而前测 50 米对学生 50 米产生影响。

表 4.46　50 米变量协方差正式分析的结果 （$N=143$）

方差来源	III 型平方和	df	均方值	F	p	偏 Eta^2
校正模型	18 172.953^a	2	9 086.476	53.778	0.000	0.434
截距	9 160.231	1	9 160.231	54.215	0.000	0.279
分组	11.208	1	11.208	0.066	0.797	0.000
前测 50 米	18 171.881	1	18 171.881	107.550	0.000	0.434
误差	23 654.656	140	168.962			
总方差	920 284.000	143				
校正的总方差	41 827.608	142				

注：a 表示 $R^2=0.434$（调整 $R^2=0.426$）。

通过比较干预后干预组与对照组学生50米修正均值及相应的置信区间可以得出（表4.47），干预组和对照组学生50米的修正均值不具有明显差异。

表4.47　干预后干预组与对照组50米修正均值及相应的置信区间（$N=143$）

分组	均值	标准误	95%的置信区间	
			下限值	上限值
干预组	78.656[a]	1.532	75.626	81.685
对照组	78.096[a]	1.543	75.045	81.146

注：a 表示该修正均值是按照前测50米=75.75进行计算的。

干预后干预组与对照组50米修正均值的方差分析结果表明（表4.48），在去除协变量前测50米对干预效果的影响后，干预组和对照组50米的差异不具有显著性（$p=0.952>0.05$）。综合表4.47和表4.48可以得出，干预组和对照组学生的50米水平没有差异。

表4.48　干预后干预组与对照组50米修正均值的方差分析结果（$N=143$）

实验分组（I）	实验分组（J）	平均值（I-J）	标准误	p	95%的置信区间	
					下限值	上限值
干预组	对照组	-0.172*	2.881	0.952	-5.84	5.50
对照组	干预组	0.172*	2.881	0.952	-5.50	5.84

注：* 表示 $p<0.05$；修正的多重比较方法为 LSD 法。

（6）1 000米/800米

运用协方差分析对干预后学生的1 000米/800米进行分析。其中，因变量为参与研究学生的1 000米/800米，自变量是分组组别，协变量为前测1 000米/800米。检验各组别斜率是否相等是判断能否进行协方差分析的前提，本研究运用Ⅰ型方差分析模型（Type Ⅰ）检验各分组、1 000米/800米的主效应及各分组与前测1 000米/800米的交互作用。其检验结果显示（表4.49），分组与前测1 000米/800米的交互作用（$F=1.100$，$p=0.296>0.05$）不具有显著性，可以判定两组的斜率相等，满足继续进行协方差分析的条件。

表 4.49　1 000 米/800 米变量协方差预分析的结果（$N=143$）

方差来源	I 型平方和	df	均方值	F	p	偏 Eta^2
校正模型	532.257[a]	3	1 677.419	14.792	0.000	0.242
截距	702 170.771	1	702 170.771	6.192E3	0.000	0.978
分组	3 218.777	1	3 218.777	28.384	0.000	0.170
前测 1 000 米/800 米	1 688.757	1	1 688.757	14.892	0.000	0.097
分组与前测 1 000 米/800 米	124.723	1	124.723	1.100	0.296	0.008
误差	15 762.722	139	113.401			
总方差	722 965.750	143				
校正的总方差	20 794.979	142				

注：a 表示 $R^2=0.242$（调整 $R^2=0.226$）。

在验证数据满足协方差分析条件之后，去掉交互项并采用 III 型方差分析模型（Type III）来继续验证干预后干预组和对照组修正均值是否存在差异。通过对 1000 米/800 米与分组主效应的分析和对干预组与对照组的修正均值的比较分析，其结果显示（表 4.50），分组（$F=28.278$，$p=0.000<0.05$）与前测 1 000 米/800 米（$F=14.881$，$p=0.000<0.05$）主效应均具有显著性，说明分组和前测 1 000 米/800 米都对学生 1 000 米/800 米产生影响。

表 4.50　1 000 米/800 米变量协方差正式分析的结果（$N=143$）

方差来源	III 型平方和	df	均方值	F	p	偏 Eta^2
校正模型	4 907.534[a]	2	2 453.767	21.623	0.000	0.236
截距	15 663.075	1	15 663.075	138.023	0.000	0.496
分组	3 208.993	1	3 208.993	28.278	0.000	0.168
前测 1 000 米/800 米	1 688.757	1	1 688.757	14.881	0.000	0.096
误差	15 887.445	140	113.482			
总方差	722 965.750	143				
校正的总方差	20794.979	142				

注：a 表示 $R^2=0.257$（调整 $R^2=0.246$）。

通过比较干预后干预组与对照组 1 000 米/800 米修正均值及相应的置信区间

可以得出（表4.51），干预组的1 000米/800米的修正均值高于对照组1 000米/800米的修正均值。

表4.51　干预后干预组与对照组1 000米/800米修正均值及相应的置信区间（$N=143$）

分组	均值	标准误	95%的置信区间	
			下限值	上限值
干预组	74.778[a]	1.255	72.295	77.260
对照组	65.303[a]	1.264	62.804	67.803

注：a表示该修正均值是按照前测1 000米/800米为64.1259进行计算的。

干预后干预组与对照组1 000米/800米修正均值的方差分析结果表明（表4.52），在去除协变量前测1 000米/800米对干预效果的影响后，干预组与对照组1 000米/800米的差异仍具有显著性差异（$p=0.000<0.05$）。综合表4.51和表4.52可以得出，干预组学生1 000米/800米水平高于对照组学生的1 000米/800米水平，进一步说明，本研究设计的干预方案对提高学生1 000米/800米水平具有较好的效果。

表4.52　干预后干预组与对照组1 000米/800米修正均数的方差分析结果（$N=143$）

实验分组（I）	实验分组（J）	平均值（I-J）	标准误	p	95%的置信区间	
					下限值	上限值
干预组	对照组	9.489*	1.867	0.000	5.81	13.16
对照组	干预组	-9.489*	1.867	0.000	-13.16	-5.81

注：*表示$p<0.05$；修正的多重比较方法为LSD法。

4.4　分析与讨论

4.4.1　认知因素

通过对干预组和对照组学生认知各变量干预效果的分析表明，干预组学生自我效能和知觉利益水平明显高于对照组，干预组学生知觉障碍水平明显低于对照组。自我效能是决定人类行为的重要因素，是个体认为有能力进行某种行为并达到预期结果，这些观念决定了其是否调整某种行为并坚持参与体育活动。在体育活动中，青少年自我效能水平与参与体育活动息息相关。Ryan 和 Dzewaltowski[1]研究表明，青少年体育活动相关的自我效能等认知水平的提高能有效促进其参与体育活动。青少年自我效能水平的提高说明，研究设计的干预方案有助于提高学生自我效能和知觉利益水平，降低学生知觉障碍水平，为青少年参与体育活动提供保障。这提示我们，青少年处于价值观和认识观形成的关键期，对他们进行正确的引导，使之认识健康和参与体育活动的重要性和益处，能有效提高其自我效能和知觉利益等认知水平，提高其参与体育活动的意识。

需要指出的是，学生自我效能水平的提高一方面在于认知干预产生；另一方面在于学生参与体育活动的增加，促进了自我效能水平等认知水平的提高，该观点得到 Ruiz 等[2]的支持，他认为，青少年参与体育活动对认知行为具有积极的促进作用。

4.4.2 社会支持

通过对干预组和对照组学生人际影响各变量干预效果的分析表明，干预组学生社会支持和锻炼榜样水平明显高于对照组学生，说明本研究设计的干预方案有助于提高学生社会支持和锻炼榜样水平。研究表明[3][4][5]，社会支持是个体帮助其他个体达成目的的重要部分，在减肥等项目中担当着重要角色，社会支持与坚持锻炼具有积极的关系。Brustad[6]、Michael 等[7]研究认为，父母通过各种行为直接或间接地影响着青少年参与体育活动，父母也能通过语言和物质奖励促进青少年

---

[1] Ryan G J, Dzewaltowski D A. Comparing the relationships between different types of self-efficacy and physical activity in youth [J]. Health Education Behavior, 2002 (29): 491-504.

[2] Ruiz J R, Ortega F B, Castillo R, et al. Physical activity, fitness, weight status, and cognitive performance in adolescents [J]. The Journal of Pediatrics, 2010, 156 (6): 917-922.

[3] Brownell K D, heckeman C L, westlake R J, et al. The effects of couples tmining and partner cooperativeness in the behavioral treatment of obesity [J]. Behavior Research and Therapy, 1978 (16): 323-333.

[4] Dubbert P M, Wilson G T. Goal-setting and spouse involvement in the treatment of obesity [J]. Behavior Research and Therapy, 1984 (22): 227-242.

[5] Dishman R K. Compliance adherence in health-related exercise [J]. Health Psychology, 1982 (1): 237-267.

[6] Brustad R J. Attraction to physical activity in urban schoolchildren: parental socialization and gender influences [J]. Research Quarterly for Exercise and Sport, 1996, 67 (3): 316-323.

[7] Beets M W, Vogel R, Chapman S, et al. Parent's social support for children's outdoor physical activity: do weekdays and weekends matter? [J]. Sex Roles, 2007 (56): 125-131.

参与体育活动的动机和行为。

这提示我们，对学生和家长同时进行体质健康促进的相关干预，一方面可以直接提高学生对体育锻炼和体育健康的意识水平，另一方面可以提高家长和同伴对学生参与体育锻炼的支持，这些为青少年参与体育活动奠定了基础。

4.4.3 体育活动

通过对干预组和对照组学生体育活动变量干预效果的分析表明，干预组学生体育活动水平明显高于对照组学生。干预组和对照组学生在校内参与体育活动的情况是一样的，但是通过干预，干预组学生在业余时间（周末和课后）参与体育活动的水平明显增加。这提示我们，第一，干预后，干预组学生参与体育活动的兴趣得到有效提高，直接促进其参与体育活动水平提高。第二，干预后，学生自我效能等认知水平得到提高，从主观上意识到参与体育活动和体质健康的重要性，以及体育活动对健康的重要意义，开始从意识形态向行为实践转化，促成其参与体育活动水平的提高。该观点得到 Bandura[1]、Jerome 等[2]、Dishman 等[3]、Mcauley 等[4]的支持，他们认为自我效能水平与体育活动行为相关，高自我效能具有较多的体育活动。第三，通过干预，社会支持水平提高，主要是学生家长在一定程度上意识到体质健康的重要性，特别是参与体育活动对促进学生生长发育及对提高文化课学习成绩的重要作用，许多家长不再阻碍学生参与体育活动，甚至鼓励和支持学生参与体育活动，或者家长陪同孩子一起参与体育活动，亦促进学生体育活动水平的提高。这一观点得到 Beets 等[5]、Duncan 等[6]、Trost 等[7]研

---

[1] Bandura A. Health promotion by social cognitive means [J]. Health Education and Behavior, 2004 (31): 143-164.

[2] Jerome G J, Marquez D X, Mcauley E, et al. Self-efficacy effects on feeling states in women [J]. International Journal of Behavioral Medicine, 2002 (9): 139-155.

[3] Dishman R K, Motl R W, Sallis J F, et al. Self-management strategies mediate self-efficacy and physical activity [J]. American Journal of Preventive Medicine, 2005 (29): 10-18.

[4] Mcauley E, Elavsky S, Motl, R W, et al. Physical activity, self-efficacy and self-esteem: longitudinal relationships in older adults [J]. Journals of Gerontology: Psychological Sciences and Social Sciences, 2005, 60 (5): 268-275.

[5] Beets M W, Vogel R, Forlaw L, et al. Social support and youth physical activity: the role of provider and type [J]. American Journal of Health Behavior, 2006, 30 (3): 278-289.

[6] Duncan S C, Duncan T E, Strycker L A. Sources and type of social support in youth physical activity [J]. Health Psychology, 2005, 24 (1): 3-10.

[7] Trost S G, Sallis J F, Pate R R, et al. Evaluating a model of parental influence on youth physical activity [J]. American Journal of Preventive Medicine, 2005, 25 (4): 277-282.

究结果的支持，父母对青少年的鼓励、奖励及一起参与体育活动等行为与青少年参与体育活动水平的提高具有直接的关系。

4.4.4 体质健康

通过对干预组和对照组学生体质健康各变量干预效果的分析表明，干预组学生体质健康的整体水平明显高于对照组学生。分析原因可能在于，第一，体育活动水平的提高促进了体质健康水平的提高；第二，健康意识的提升，对其生活习惯等发生改变，从而促进体质健康水平的提高。总之，本研究设计的干预方案有助于提高学生体质健康整体水平。

干预组和对照组学生身高标准体重干预前后没有显著差异，而 Razak 等（2013）研究表明，体育锻炼对马来西亚和利比亚学生身高体重指数具有明显的效果，参加大强度体育锻炼学生的身高体重指数得分低于参加中等强度体育锻炼的学生。分析原因可能在于，第一，身高受遗传因素的影响比较大，后天影响比较少，体育活动对身高的影响较少；第二，青少年处于青春期，处于生长发育的高峰期，身高和体重自然增长比较明显，外界影响较少，而且体育活动对其的影响需要长期的过程；第三，本研究健康促进干预时间为一个学期，故干预组和对照组学生身高标准体重没有显著差异。

干预组和对照组学生肺活量体重指数协方差分析结果表明，分组对肺活量体重指数不具有显著性差异，前测肺活量体重指数对其具有显著差异。虽然干预组和对照组学生肺活量体重指数的修正均值具有明显差异，干预组为 74.104[a]，对照组为 69.895[a]（见表 4.39），但是去除前测肺活量体重指数的影响后，干预组和对照组肺活量体重指数的差异不具有显著性。这一方面说明，干预组和对照组肺活量体重均值差异明显主要是由于前测肺活量体重指数的影响造成的；同时也说明肺活量体重指数是较为复杂的变量，短期的干预不会产生较大的影响，长期的干预是否会产生显著影响有待进一步研究。

干预组和对照组学生坐位体前屈协方差分析结果表明，分组和前测坐位体前屈的主效应均具有显著性差异，且干预后干预组坐位体前屈修正均值高于对照组，干预组为 77.939[a]，对照组为 75.245[a]（见表 4.43），但是在去除前测坐位体前屈的影响后，干预组和对照组坐位体前屈的差异不具有显著性。这就说明，干预后干预组修正均值高于对照组可能是由于前测坐位体前屈造成的，本研究设计的干预方案对学生坐位体前屈水平的影响效果不大。

干预组和对照组学生50米协方差分析结果表明,分组的主效应不具有显著性差异,前测50米的主效应具有显著性差异,且干预后干预组和对照组50米修正均值不具有明显差异,干预组为78.656^a,对照组为78.096^a(见表4.47),在去除前测50米的影响后,干预组和对照组50米的差异不具有显著性。这提示我们,50米属于速度素质,该素质受遗传因素的影响较大,后天影响较少,且很难在短时间内提高。这也说明本研究设计的干预方案在一学期的干预时间内对学生50米成绩没有明显影响。

通过对干预组和对照组学生1 000米/800米(男生为1 000米,女生为800米)变量干预效果的分析表明,干预组学生1 000米/800米水平明显高于对照组学生。1 000米/800米属于耐力性素质,受后天影响较大,可训练程度较高。Garber等[1]、Silva等[2]和Swift等[3]研究表明,参与体育活动能明显提高青少年心肺适能,并且参与俱乐部性质的竞技体育活动比其他组织和无组织的体育活动更能促进心肺健康水平的提高。这说明本研究设计的干预方案对提高学生1 000米/800米水平具有明显效果。

从整体而言,干预后干预组学生与对照组学生自我效能、知觉利益、知觉障碍、社会支持、体育活动和体质健康整体水平均有显著性差异。这说明,提高自我效能、知觉利益和社会支持水平,降低知觉障碍水平,有助于体育活动水平的提高,进而提高体质健康整体水平。

首先,验证了青少年体质健康促进模型中关于自我效能水平与体育活动具有直接关系,能够预测体育活动,并间接影响体质健康的观点,这也与Rodgers和Murray[4]关于自我效能能够预测体育活动和健康行为的观点一致。

其次,验证了社会支持水平,主要指父母支持对青少年体育活动和体质健康

---

[1] Garber C E, Blissmer B, Deschenes M R, et al. Quantity and quality of exercise for developing and maintaining cardiorespiratory, musculoskeletal, and neuromotor fitness in apparently healthy adults: guidance for prescribing exercise [J]. Medcine Science Sports Exercise, 2011 (43): 1334-1359.

[2] Silva G, Andersen L B, Aires L, et al. Associations between sports participation, levels of moderate to vigorous physical activity and cardiorespiratory fitness in children and adolescents [J]. Journal of Sports Sciences, 2013, 31 (12): 1367-1395.

[3] Swift D L, Lavie C J, Johannsen N M, et al. Physical activity, cardiorespiratory fitness, and exercise training in primary and secondary coronary prevention [J]. Circulation Journal, 2013 (77): 281-292.

[4] Rodgers W M, Murray T C. The specificity of self-efficacy over the course of a progressive exercise programme [J]. Applied Psychology: Health and Well-being, 2009, 1 (2): 211-232.

的促进作用，该观点在某种程度上支持了 Wallsten 等①、Robin 等②、Dubbert 和 Wilson③ 等关于社会支持能够预测健康行为的观点。另外，Brustad ④、Thompson 等 ⑤认为，父母对体育活动重要性的认识对青少年参与体育活动具有重要影响，不仅影响青少年目前的体育活动行为，而且影响到青少年成年后的体育活动行为。但是，该实证并没有验证模型中关于朋友影响对体育活动和体质健康的影响，也没有探讨社会支持、锻炼榜样和锻炼期望等人际影响对体育活动和体质健康的影响。

最后，验证了模型中关于体育活动对体质健康具有直接作用的观点，该观点也得到 Zook 等⑥、Andersen 等⑦、Biddle 和 Asare⑧ 观点的支持，体育活动能够预测青少年心血管健康、心理健康和体质健康。

需要指出的是，青少年体质健康水平的提高与多个因素有关，虽然 Gao 等研究认为⑨，学生自我效能水平既影响着健康行为的自我目标，也影响着心肺适能的掌握回避目标和绩效方法。Cairney 等认为⑩，自我效能能够解释 20 米往返跑变化的 9%，高 BMI 得分和低认知水平的儿童具有最低的体育活动行为，在评价生理指标的过程中心理因素担当了重要的角色。但是，体育活动是提高体质健康

---

①Wallsten B S, Alagna S W, Devellis B M, et al. Social support and physical health [J]. Health Psychology, 1983 (2): 367-391.

②Robin M, Edward L, Karen M. Partner support and relapse in smoking cessation programs [J]. Journal of Consulting and Clinical Psychology, 1983 (51): 465-466.

③Dubbert P M, Wilson G T. Goal-setting and spouse involvement in the treatment of obesity [J]. Behavior Research and Therapy, 1984 (22): 227-242.

④Brustad R J. Who will go out and play? Parental and psychological influences on children's attraction to physical activity [J]. Pediatric Exercise Science, 1993 (5): 210-223.

⑤Thompson A M, Humbert M L, Mirwald R L. A longitudinal study of the impact of childhood and adolescent physical activity experiences on adult physical activity perceptions and behaviors [J]. Qualitative Health Research, 2013, 13 (2): 358-377.

⑥Zook K R, Saksvig B I, Wu T T, et al. Physical activity trajectories and multilevel factors among adolescent girls [J]. Journal of Adolescent Health, 2013 (54): 74-80.

⑦Andersen L B, Riddoch C, Kriemler S, et al. Physical activity and cardiovascular risk factors in children [J]. British Journal of Sports Medicine. 2011, 45 (11): 871-876.

⑧Biddle S J H, Asare M. Physical activity and mental health in children and adolescents: a review of reviews [J]. British Journal of Sports Medicine, 2011, 45 (11): 886-895.

⑨Gao Z, Xiang P, Lochbaum M, et al. The impact of achievement goals on cardiorespiratory fitness: does self-efficacy make a difference? [J]. Research Quarterly for Exercise and Sport, 2013 (84): 313-322.

⑩Cairney J, Hay J A, Faught B E, et al. Generalized self-Efficacy and performance on the 20-metre shuttle run in children [J]. American Journal of Human Biology, 2008 (20): 132-138.

水平最直接的因素，自我效能等认知因素和社会支持等人际影响对体质健康的作用都是通过体育活动间接影响的。

4.5 本章小结

①青少年体质健康促进干预后，干预组学生自我效能和知觉利益水平高于对照组，且具有显著性差异（$p<0.05$）；知觉障碍水平明显低于对照组，亦具有显著性差异（$p<0.05$）。

②青少年体质健康促进干预后，干预组学生社会支持水平高于对照组，且具有显著性差异（$p<0.05$）；体育活动水平明显高于对照组，亦具有显著性差异（$p<0.05$）。

③青少年体质健康促进干预后，干预组学生体质健康整体水平高于对照组，具有显著性差异（$p<0.05$），且1 000米/800米水平具有显著性提高（$p<0.05$），但是身高标准体重、肺活量体重指数、坐位体前屈、50米水平没有显著性差异（$p>0.05$）。

④本研究根据青少年体质健康促进模型设计的干预方案对提高学生自我效能、知觉利益和降低知觉障碍等认知水平，提高社会支持水平人际影响水平，以及提高体育活动和体质健康水平具有明显的效果，进而验证了四因素、六因素和七因素模型的有效性和干预方案的可行性。

5 后 论

5.1 结论与建议

5.1.1 结论

①本研究构建了认知因素、人际影响、体育活动和体质健康关系四因素模型；个性特征、认知因素、人际影响、体育活动和体质健康关系五因素模型；人际影响、自我效能、知觉利益、知觉障碍、体育活动和体质健康关系六因素模型；家庭影响、同伴影响、自我效能、知觉利益、知觉障碍、体育活动和体质健康关系七因素模型；在四、五、六、七因素模型的基础上，构建了我国青少年体质健康促进模型。

②四、六、七因素模型能够较好地解释自我效能、知觉利益、知觉障碍等认知因素，社会支持、锻炼榜样和锻炼期望等人际影响，体育活动、体质健康各变量之间的关系；而五因素模型不能反映各变量间的关系，性别和父母教育等个性特征对青少年体质健康促进的影响较少。

③四因素模型表明，青少年参与体育活动能直接促进其体质健康状况；认知因素比人际影响能更好地促进体育活动，并且通过体育活动间接地促进体质健康。

④六因素模型表明，自我效能和知觉利益直接影响体育活动，并通过体育活动间接影响体质健康，但自我效能的影响大于知觉利益；同时显示，人际影响通过自我效能和知觉利益间接影响体育活动，再影响体质健康。

⑤七因素模型表明，父母比同伴对青少年体育活动和体质健康的影响更大。

⑥青少年体质健康促进干预后，干预组学生自我效能、知觉利益、社会支持、体育活动和体质健康整体水平高于对照组，知觉障碍水平低于对照组，均具

有显著性差异（$p<0.05$）；干预组学生 1 000 米/800 米水平比对照组具有显著性提高（$p<0.05$），但是身高标准体重、肺活量体重指数、坐位体前屈、50 米水平无显著性差异（$p>0.05$）。

⑦本研究设计的青少年体质健康促进干预方案能有效提高青少年自我效能、知觉利益、社会支持和体育活动水平，降低知觉障碍和提高体质健康水平，进而验证了四因素、六因素和七因素模型及青少年体质健康促进模型的有效性和干预方案的可行性。

5.1.2 建议

①青少年体质健康促进是一个长期的过程，需要学校、家庭和社区的共同配合。作为学校的教育者，应根据学生的实际情况制订计划，对学生进行长期的干预，并建立学生体质健康促进的健康档案。

②加强健康、体质健康、体育活动与体质健康关系等健康教育课程和讲座，定期聘请专家为学生进行讲解，并制成小报发给学生家长，让家长重视青少年体质健康和体育活动的重要性，并督促、鼓励和支持青少年参与体育活动。

③虽然在提高青少年体质健康水平的干预过程中，最直接的是促进体育活动水平的提高，其次是认知因素和人际影响。但是在实际操作过程中，建议从认知出发，重点加强对自我效能水平的提高，其次是知觉利益和社会支持；关于社会支持水平应该重点干预学生家长，其次是同伴。

④研究结果显示，青少年身高标准体重、肺活量体重指数、50 米、坐位体前屈等指标虽然没有显著性提高，但是在不同程度上得到改善，这说明本研究设计的干预方案对提高青少年体质健康水平具有较好效果。建议在今后的干预实践中，应进行长期的跟踪干预研究，使青少年体质健康整体水平得到提高的同时，各项指标均得到有效提高。

5.2 研究的局限性

本研究在前人研究的基础上，试图从生物、社会和心理等核心要素入手，构建青少年体质健康促进模型，并进行健康促进干预研究，基本达成本研究的目的，但是仍存在以下不足。

第一，影响青少年体质健康促进的因素很多，本研究从生物、心理和社会学等因素展开，虽然在干预过程中对学生进行平衡营养膳食等因素的教育，但在实际操作中未对学生进行营养膳食等方面的现状调查。

第二，在模型构建部分，主要采用问卷法进行研究，其优点在于便于收集数据，但是采用回顾式的问卷调查，特别是对体育活动和体质健康各指标的回顾式填写，在一定程度上降低了其有效性和准确性；采用强度抽样从抽取的18个省、市、自治区中，再抽取初二、初三、高二和高三学生各25名。虽然考虑省、市、自治区分布的广度，但是样本量较少，且抽样不随机，在一定程度上影响了样本的代表性。

第三，在干预实验部分，健康促进干预时间为一学期，时间较短，虽然研究表明本研究设计的健康促进干预方案对提高学生自我效能、社会支持、体育活动和体质健康具有明显效果，但是不能验证对各变量长期稳定的效果。另外，尽管干预过程中严格控制，但是测试时间和天气等原因仍然会对测试数据产生影响。

第四，青少年处于青春期，其自然成长发育、生活习惯等因素难以控制。另外，本研究在构建青少年体质健康促进模型和干预时，没有考虑性别和年级的差异，在某种程度上可能会降低其针对性和有效性。

5.3 研究展望

青少年体质健康促进是一个复杂的系统工程，涉及体育学、社会学、生物学等多个学科，并与学校、社会和家庭各个方面紧密相连。

本研究仅仅对某些问题进行了探究性的研究，不足以解决所有问题，在今后的研究中主要围绕青少年体质健康促进模型的进一步检验和运用展开，具体将从以下方面展开。

第一，扩大样本量，采用多种测量工具，如计步器、Polar表等客观测量工具，避免回顾性问卷偏差的出现。

第二，对青少年进行长时间的干预跟踪研究，探讨干预方案对提高青少年体育活动和体质健康水平的效果，同时进一步验证自我效能、知觉利益、知觉障碍、社会支持、体育活动等与体质健康的关系。

第三，根据不同性别和不同年级学生的特点，设计不同的干预方案，探讨自我效能、知觉利益、知觉障碍、社会支持、体育活动等与体质健康的关系。

第四，在今后的研究中，增加膳食营养、膳食与运动等因素对青少年体质健康促进的影响。

致　谢

"宝剑锋从磨砺出，梅花香自苦寒来"。本书稿是在我的博士论文基础上完善出版的，再次回首三年的博士生活及二十余载的求学生涯，走得辛苦却收获满囊，充满艰辛却锻炼意志，饱含心酸却感受喜悦，经历挫折却赢得喝彩……其间的酸甜苦辣，只有走过的人才能体会。一路走来，我在享受多彩人生和小小成果的同时，必须感谢那些教育我、栽培我、鼓励我、支持我、陪伴我的人。

感谢我的博士导师李宗浩教授，李老师所具备的渊博的知识、敏锐的思维、独特的授课方式让我感到震撼和敬仰。我很荣幸地成为李老师的门生，有幸身受李老师的教诲。感谢李老师的不弃和培育，多少个日夜李老师在为我修改开题和论文，多少次李老师不厌其烦地为我抽丝剥茧地讲解，多少次我们在为各自的观点辩解，让我在领悟知识的同时锻炼思维；在我情绪低落的时候，李老师的一个电话、一句简单的问候和鼓励，都会让我重新树立继续奋斗的勇气和信心……此时此刻，任何语言都无法表达我的心情，只能送上一句简单的"谢谢"和深深的"一躬"来表达对老师的感谢。

感谢我的博士第二导师天津体育学院谭思洁教授，本书的研究设计源于谭老师的课题，感谢谭老师在论文选题、实验测试和撰写等方面倾注的大量心血。谭老师严谨的治学态度、精益求精的学术作风和细致耐心的指导一直感染着我；她母亲般的关心和爱护让我茁壮成长，不仅教我学习知识和进行科研，而且教我做人的道理，鼓励并指导着我在学习、生活和工作中不断前进……

感谢我在美国韦恩州立大学访学期间的联合培养导师赖勤教授。赖老师的博学多才、心胸宽广，对待学生认真负责、对待科研精益求精的态度和作风让我耳濡目染、终身受益。感谢赖老师从我申请留学到留学期间再到留学回国，在课程学习、论文设计撰写和生活上给予的关心和帮助，让我汲取知识、体验美国文化的同时感受异国他乡的亲情。

感谢我的硕士导师天津体育学院王健教授。王老师以他渊博的知识、独特的思维和丰富的阅历教我"做人、做事、做学问",让我从一名懵懂的应届本科毕业生成长为现在的一名独立、光荣的高校教师。

感谢天津体育学院的孙延林教授、曲阜师范大学李思民教授、中北大学的于芳教授、华中师范大学的胡庆山教授、美国密歇根大学的Pender教授、东密歇根大学的Wu Tsu-Yin教授等在论文撰写过程中给予的帮助!感谢北京体育大学运动训练学教研室李少丹教授、许小冬教授、徐刚副教授、张莉清副教授、米靖副教授等在论文开题和撰写过程中给予的帮助!

感谢南开中学的领导、体育部王兆敏主任、司洪旭老师和实习生李页思对干预过程的实施和监控;感谢天津体院曹立全老师、崔璨同学等在测试过程中付出的辛苦;感谢国家体育总局王立峰副处长、天津商业大学潘月顺老师、南阳一中李玉娟老师、杭州师范大学东城实验学校牛孟霞、泉州石狮石光华侨联合中学郑海梅、天津体育学院许婕老师、博士生郝文亭、刘鎏、刘书芳、韩春远、李恩荆等在问卷发放和回收过程中给予的帮助;感谢天津体院研究生杨岚、傅龙辉、叶芳菲等师弟师妹在数据录入方面给予的帮助。

感谢北京体育大学和天津体育学院的各位校领导、老师在我学习和工作上给予的支持和帮助!

感谢齐春燕等师兄师姐、博士生宋超、杨文博、王统领、王静、李小娟、陈洪、高淑清、赵明楠、韩云峰、刘周敏、王永顺等在我学习和访学期间的鼓励和帮助;感谢留美访学期间的访问学者王勋、朱晓娜、熊新红、叶覃和蒋杰,博士生刘晓晖、李川、陈宇、任鹏飞和余华云等对我的关心和帮助,让我感受异国他乡的友情。

感谢我的父母对我多年求学生涯的支持、理解和关爱,特别是在我读博和留学期间对我家庭和儿子的关照,让我无后顾之忧;感谢我的爱人李玉瀚先生和儿子李积荃小朋友对我的支持、鼓励和关爱。

博士毕业已六载有余,三年的学习生活转眼即逝,却给我留下了永恒的回忆,获取知识、感受友情、感悟人生……特别是留美访学让我领域不同的文化。感谢导师、感谢师长与学友、感谢家人、感谢经历艰辛和喜悦,让我成长和进步,正是有了你们,才有了今天的我,因为感激才会更加珍惜。谨以此书作为我人生新的起点,我将热爱生活、积极工作、关爱学生、刻苦钻研,以饱满的激情和最大的热情，坚持导师的为人与为师之道，做一名称职的教育工作者。

最后，感谢为此书稿付出努力的所有同仁。

路漫漫其修远兮，吾将上下而求索！

曲鲁平

附 录

附录1 青少年体质健康专家访谈提纲

1. 您是如何看待目前青少年体质健康情况的？
2. 您认为影响青少年体质健康的因素有哪些？
3. 您认为目前青少年参与体育活动的情况如何？
4. 您认为体育活动在青少年体质健康促进中承担什么样的角色？
5. 您认为青少年的认知水平与体质健康存在什么样的关系？
6. 您认为青少年自我效能水平与体质健康存在什么样的关系？
7. 您认为目前家长对青少年参与体育活动的态度如何？
8. 您认为家长是如何看待青少年体质健康的？
9. 您认为家庭、学校和社区在青少年体质健康促进中的关系是什么？

附录 2　青少年体质健康与体育活动情况调查问卷

亲爱的同学们：

　　你们好！

　　本问卷调查的目的是了解青少年参与体育活动的情况及其感受，属于研究性质。我们将对同学们所回答的问题严格保密，所有问题没有对错之分，希望你根据自身真实想法或行为做出诚实的回答。

　　感谢你的支持与合作！

博士研究生：曲鲁平

指导教师：李宗浩教授、谭思洁教授

2013 年 8 月 28 日

一、基本情况（个性特征）

1. 你所在的省市：_____　　你就读的学校：_____
2. 你的性别：　□男　　　□女
3. 你的年龄：_____岁
4. 你的年级：
   □初中一年级　□初中二年级　□初中三年级
   □高中一年级　□高中二年级　□高中三年级
5. 你是否为独生子女：　□是　　　□否
6. 目前你认为自己的健康状况：
   □非常好　　□良好　　□一般　　□不好　　□非常不好
7. 你父亲的最高学历：
   □高中及以下　□中专　　□大专　　□本科　　□研究生
8. 你母亲的最高学历：
   □高中及以下　□中专　　□大专　　□本科　　□研究生
9. 你现在是否为校运动队队员：　□是　　　□否

二、体质健康测试量表

请根据你最后一次体质健康测试结果填写下表内容,最好在体育教师指导下根据实际情况填写。如有部分指标尚未测试,不用填写;如有其他测试的指标可补填。

序号	指标	测试结果	序号	指标	测试结果	序号	指标	测试结果
1	身高(厘米)		9	800米(女)(秒)		17	足球运球(个/分)	
2	体重(千克)		10	1 000米(男)(秒)		18	排球垫球(个/分)	
3	肺活量(毫升)		11	50米(25米往返)(秒)		19	其他 视力	
4	握力(千克)		12	50米(秒)		20	其他 立定跳远	
5	纵跳(厘米)		13	反应时间(秒)		21	其他___	
6	坐位体前屈(厘米)		14	引体向上(个/分)		22	其他___	
7	仰卧起坐(个/分)		15	跳绳(个/分)				
8	台阶试验(次)		16	篮球运球(个/分)				

三、日常体育活动周志(Child/Adolescent Activity Log, CAAL)

在过去的一周中,下列哪些体育活动是你经常参加的?请结合自身情况,在相应位置按照范例格式填写。

活动项目	你是否经常参加这项活动?	星期一至星期五		星期六及星期日		自我感觉 ①轻松 ②有点累 ③很累	组织类型 ①学校 ②个人
		总共参加了几次?	总共参加了多少分钟?	总共参加了几次?	总共参加了多少分钟?		
例如:跑步	是 否	2	40	1	15	②	②
1. 篮球	是 否						
2. 排球	是 否						
3. 足球	是 否						

续表

活动项目	你是否经常参加这项活动？	星期一至星期五		星期六及星期日		自我感觉 ①轻松 ②有点累 ③很累	组织类型 ①学校 ②个人
		总共参加了几次？	总共参加了多少分钟？	总共参加了几次？	总共参加了多少分钟？		
4. 羽毛球	是 否						
5. 乒乓球	是 否						
6. 手球	是 否						
7. 广播操	是 否						
8. 舞蹈	是 否						
9. 健身操	是 否						
10. 体操（引体向上、仰卧起坐等）	是 否						
11. 武术（太极拳、跆拳道等）	是 否						
12. 跑步	是 否						
13. 跳高	是 否						
14. 跳远	是 否						
15. 投掷	是 否						
16. 跳绳	是 否						
17. 游泳	是 否						
18. 轮滑（旱冰）	是 否						
19. 踢毽子	是 否						
20. 户外游戏	是 否						
21. 骑自行车	是 否						
22. 步行	是 否						
23. 劳动	是 否						
24. 上下楼梯	是 否						
25. 其他___	是 否						

四、体育活动自我效能量表（Perceived Self-Efficacy to Physical Activity Scale）

自我效能是个人对其定期（经常）参与体育活动的能力的自我评价。下面的问题主要用于评价你对处于困难处境时是否有能力参与体育锻炼的信心。请根据自身情况，在适合选项的数字上画"√"。其中，"1"代表非常不确信，"2"代表不确信，"3"代表不确定，"4"代表确信，"5"代表非常确信。

非常不确信 ←——————→ 非常确信

	非常不确信	不确信	不确定	确信	非常确信
1. 即使我感到累，也参加锻炼	1	2	3	4	5
2. 即使我生病了，也参加锻炼	1	2	3	4	5
3. 即使有其他有兴趣的事情（看电视、玩游戏），也参加锻炼	1	2	3	4	5
4. 即使没有朋友或同伴一起与我参加锻炼，我也参加锻炼	1	2	3	4	5
5. 即使我要做作业，也参加锻炼	1	2	3	4	5
6. 即使是周末需要比平时早起床，也参加锻炼	1	2	3	4	5
7. 即使我不是很擅长锻炼，也参加锻炼	1	2	3	4	5
8. 即使我的情绪不好，也参加锻炼	1	2	3	4	5
9. 即使我有家务事要处理，也参加锻炼	1	2	3	4	5
10. 即使我在锻炼的时候感到不舒服，也参加锻炼	1	2	3	4	5
11. 即使我的家人要求我抽出更多时间陪他们，也参加锻炼	1	2	3	4	5
12. 即使锻炼时出现台风和下雪，也参加锻炼	1	2	3	4	5
13. 即使我的朋友找我和他们一起出去，也参加锻炼	1	2	3	4	5
14. 抽时间锻炼，步行、慢跑、游泳、篮球或其他体育活动，每周至少3次，每次至少30分钟	1	2	3	4	5

五、体育活动知觉利益量表（Perceived Benefits to Physical Activity Scale）

知觉利益是对体育活动具有积极或促进作用的认知结果。请根据你自己对体育锻炼的认知，在适合选项的数字上画"√"。其中，"1"代表非常不同意，"2"代表不同意，"3"代表不确定，"4"代表同意，"5"代表非常同意。

	非常不同意	不同意	不确定	同意	非常同意
1. 锻炼能改善我的外貌	1	2	3	4	5
2. 锻炼有利于保持体型	1	2	3	4	5
3. 锻炼使我感到精力充沛	1	2	3	4	5
4. 锻炼时我感到很高兴	1	2	3	4	5
5. 锻炼可以使我结交很多朋友	1	2	3	4	5
6. 锻炼能使我肌肉更加强健	1	2	3	4	5
7. 锻炼使我更加喜欢自己	1	2	3	4	5
8. 锻炼能减肥	1	2	3	4	5
9. 锻炼能促进健康	1	2	3	4	5
10. 锻炼时我心情舒畅	1	2	3	4	5
11、锻炼能促进我和朋友沟通和交流	1	2	3	4	5
12、锻炼能增强我的成就感和自信心	1	2	3	4	5

六、体育活动知觉障碍量表（Perceived Barriers to Physical Activity Scale）

知觉障碍是指影响自觉参加体育活动的因素。下面问题主要是影响你参与体育锻炼的因素，请根据你自己的情况，在适合选项的数字上画"√"。其中，"1"代表非常不同意，"2"代表不同意，"3"代表不确定，"4"代表同意，"5"代表非常同意。

	非常不同意	不同意	不确定	同意	非常同意
1. 我没有时间锻炼	1	2	3	4	5
2. 我有家务事要处理	1	2	3	4	5
3. 我没有好的锻炼场所	1	2	3	4	5

续表

	非常不同意	不同意	不确定	同意	非常同意
4. 天气不好	1	2	3	4	5
5. 没有合适的运动服和运动鞋	1	2	3	4	5
6. 不知道如何参与锻炼	1	2	3	4	5
7. 没有合适的锻炼器材	1	2	3	4	5
8. 有太多的家庭作业要做	1	2	3	4	5
9. 没有朋友和我一起锻炼	1	2	3	4	5
10. 我不喜欢锻炼	1	2	3	4	5
11. 今天有体育课，我已经进行了锻炼	1	2	3	4	5
12. 我太累了	1	2	3	4	5
13. 父母不同意我锻炼	1	2	3	4	5
14. 我有其他有趣的事情要做（看电视、玩游戏）	1	2	3	4	5

七、体育活动社会支持量表（Social Support toward Physical Activity Scale）

[七-1] 社会支持是指他人提供的能够持续进行体育活动的行为或情感鼓励。下面问题是关于在最近一周，你的父母（父母或母亲）从事下述活动的情况，请根据实际情况，在适合选项的数字上画"√"。

	根本没有	几乎没有	有些	经常	总是
1. 和我一起锻炼	1	2	3	4	5
2. 带我去锻炼	1	2	3	4	5
3. 鼓励我参与锻炼	1	2	3	4	5
4. 计划家庭体育活动（自行车、游泳等）	1	2	3	4	5
5. 为了能一起锻炼而改变他们的时间表	1	2	3	4	5
6. 给我买锻炼器材或帮我加入健身会员	1	2	3	4	5
7. 称赞我参与体育锻炼	1	2	3	4	5
8. 和我一起讨论锻炼	1	2	3	4	5
9. 提醒我参与锻炼	1	2	3	4	5
10. 抱怨我花费时间锻炼	1	2	3	4	5
11. 为了让我有更多时间锻炼，帮助我学习和处理家务	1	2	3	4	5

[七-2] 在最近一周,你的同伴(同学或朋友)从事下述活动的情况,请根据实际情况,在适合选项的数字上画"√"。

	根本没有	几乎没有	有些	经常	总是
1. 和我一起锻炼	1	2	3	4	5
2. 鼓励我参与锻炼	1	2	3	4	5
3. 为了能一起锻炼而改变他们的时间表	1	2	3	4	5
4. 称赞我参与体育锻炼	1	2	3	4	5
5. 和我一起讨论锻炼	1	2	3	4	5
6. 提醒我参与锻炼	1	2	3	4	5
7. 抱怨我花费时间锻炼	1	2	3	4	5
8. 为了让我有更多时间锻炼,帮我学习和处理家务	1	2	3	4	5

八、锻炼榜样量表(Exercise Role Models Scale)

下面问题是关于最近三个月,你的父母(父亲或母亲)和同伴(同学或朋友)等从事体育活动的情况,请根据实际情况,选择相应的数据填在对应的框内。

	根本没有	几乎没有	有些	经常	总是
	1	2	3	4	5

问题	父母(父亲或母亲)	同伴(同学或朋友)
1. 参与低等强度的锻炼(保龄球、慢走等)		
2. 参与中等强度的锻炼(快走、投篮、乒乓球等)		
3. 参与大强度的锻炼(跑步、跆拳道、游泳、网球等)		

九、锻炼期望量表(Exercise Norms Scale)

下面问题是关于你的父母、兄弟姐妹、亲戚和朋友等对你参与体育锻炼的期望情况。请根据实际情况,在合适选项的数字上画"√"。

	根本没有	几乎没有	有些	有一些	很多
1. 父母	1	2	3	4	5
2. 兄弟姐妹	1	2	3	4	5
3. 亲戚	1	2	3	4	5
4. 朋友	1	2	3	4	5
5. 体育教师	1	2	3	4	5
6. 其他任课教师	1	2	3	4	5

十、参与体育活动干扰量表（Competing Demands to Physical Activity Scale）

参与体育活动干扰是指你在进行体育活动之前干扰你参与锻炼的行为。例如经常被其他无法控制的事情干扰而不能参与锻炼。请仔细思考下列问题，根据你自己的情况，在适合选项的数字上画"√"。其中，"1"代表非常不同意，"2"代表不同意，"3"代表不确定，"4"代表同意，"5"代表非常同意。

我经常被父母要求做下列事情而不能出去锻炼：

	非常不同意	不同意	不确定	同意	非常同意
1. 我必须帮父母处理家庭事务	1	2	3	4	5
2. 放学后，我必须参与补习班	1	2	3	4	5
3. 我必须参加小提琴、钢琴等乐器练习	1	2	3	4	5
4. 我必须回家准备考试	1	2	3	4	5
5. 我必须待在家中	1	2	3	4	5
6. 我必须花费更多的时间陪伴家人	1	2	3	4	5

问卷到此结束，再次感谢你的支持与合作！

附录3　干预组和对照组体育课程教学进度安排

周次	课次	准备活动		课程内容
		对照组	干预组	
第一周	1	室内课	游戏"贴膏药""队列练习"篮球操	室内课：体育课堂常规教育、本学期体育教学内容、测试内容及要求
	2	徒手操8节	游戏"队列练习"	1. 编队、队列练习 2. 身体素质练习，跑的专门练习
第二周	3	徒手操8节	游戏"贴膏药"、篮球操	1. 快速跑：下肢力量 2. 篮球：熟悉球性练习
	4	徒手操8节	游戏"队列练习"、篮球操	1. 快速跑：跑的专门练习 2. 篮球：学习原地传接球
第三周	5	徒手操8节	游戏"贴膏药"、篮球操	快速跑：30~40米重复跑 篮球：学习原地运球
	6	中秋放假		
第四周	7	徒手操8节	游戏"队列练习"、篮球操	1. 快速跑：50~60米重复跑 2. 篮球：学习行进间运球
	8	徒手操8节	游戏"贴膏药"、篮球操	1. 快速跑：60米×（2~3）次反复跑 2. 篮球：学习原地单手肩上投篮
第五周	9	十一放假		
	10	十一放假		
第六周	11	徒手操8节	游戏"打鸭子"、徒手操	1. 快速跑：50米测试 2. 篮球：篮球综合练习
	12	慢跑400米徒手操8节	"篮球与乒乓球"、徒手操	1. 接力跑：跑的专门练习 2. 篮球：教学比赛（规则）
第七周	13	慢跑400米徒手操8节	游戏"打鸭子"、徒手操	1. 接力跑：迎面接力 2. 篮球：篮球考核
	14	慢跑400米徒手操8节	"篮球与乒乓球"、徒手操	1. 接力跑：交接棒方法 2. 跳远：学习立定跳远
第八周	15	慢跑400米徒手操8节	游戏"打鸭子"、徒手操	1. 接力跑：迎面接力 2. 跳远：复习立定跳远
	16	慢跑400米徒手操8节	"篮球与乒乓球"、徒手操	1. 接力跑：4×100米接力 2. 跳远：立定跳远考核

续表

周次	课次	准备活动		课程内容
		对照组	干预组	
第九周	17	慢跑400米 徒手操8节	游戏"老鹰捉小鸡"、徒手操4节	1. 接力跑：4×100米接力 2. 跳远：腾空与落地技术
	18	慢跑400米 徒手操8节	"双人跳绳接力"、徒手操4节	1. 跳远：助跑与起跳技术 2. 身体素质练习：长绳
第十周	19	期中考试		
	20	期中考试		
第十一周	21	慢跑400米 徒手操8节	游戏"老鹰捉小鸡"、徒手操4节	1. 跳远：改进起跳与腾空步 2. 身体素质练习：下肢练习
	22	慢跑400米 徒手操8节	"双人跳绳接力"、徒手操4节	1. 跳远：学习丈量步点，全程助跑蹲踞式跳远 2. 身体素质练习：腰腹练习
第十二周	23	慢跑400米 徒手操8节	游戏"老鹰捉小鸡"、徒手操4节	1. 跳远：蹲踞式跳远考核 2. 身体素质练习：上肢练习
	24	慢跑400米 徒手操8节	"双人跳绳接力"、徒手操4节	1. 耐久跑：走跑交替1 200米 2. 身体素质练习：垫上练习
第十三周	25	慢跑400米 绳操8节	游戏"结网捕鱼"、绳操4节	1. 耐久跑：走跑交替1 200米 2. 技巧：垫上技巧辅助练习
	26	慢跑400米 绳操8节	"跳山羊"、绳操4节	1. 耐久跑：变速跑1 200米 2. 技巧：前滚翻
第十四周	27	慢跑400米 绳操8节	游戏"结网捕鱼"、绳操4节	1. 耐久跑：反复跑400米×2 2. 技巧：肩肘倒立
	28	慢跑400米 绳操8节	"跳山羊"、绳操4节	1. 耐久跑：8分钟定时跑 2. 技巧：肩肘倒立—前滚成蹲立
第十五周	29	慢跑400米 绳操8节	游戏"结网捕鱼"、绳操4节	1. 耐久跑：越野跑1 500米 2. 技巧：单肩后滚翻成单膝跪撑平衡
	30	慢跑400米 绳操8节	"跳山羊"、绳操4节	1. 耐久跑：反复跑600米×2 2. 技巧：肩肘倒立接经单肩后滚翻成跪撑平衡
第十六周	31	慢跑400米 绳操8节	游戏"结网捕鱼"、绳操4节	1. 耐久跑：800米跑 2. 技巧：技巧组合复习课
	32	慢跑400米 绳操8节	"跳山羊"、绳操4节	1. 耐久跑800米测试 2. 技巧：技巧测试

附录4 干预组和对照组体育活动课内容安排

周次	课次	对照组	干预组
第一周	1	自由活动	健康教育讲座
	2	自由活动	游戏"解脱接力"、跳绳
第二周	3	自由活动	游戏"明七暗七"、篮球
	4	自由活动	游戏"解脱接力"、跳绳
第三周	5	自由活动	游戏"队列练习"、篮球
	6	自由活动	游戏"解脱接力"、跳绳
第四周	7	自由活动	游戏"明七暗七"、篮球
	8	自由活动	游戏"队列练习"、篮球
第五周	9	自由活动	健康教育讲座
	10	自由活动	游戏"摸肩"、太极拳
第六周	11	自由活动	游戏"双人跳绳接力"、排球
	12	自由活动	游戏"指部位"、太极拳
第七周	13	自由活动	游戏"双人跳绳接力"、排球
	14	自由活动	游戏"摸肩"、太极拳
第八周	15	自由活动	游戏"双人跳绳接力"、排球
	16	自由活动	游戏"指部位"、太极拳
第九周	17	自由活动	健康教育讲座
	18	自由活动	游戏"队列练习"、足球(男)、健美操(女)
第十周	19	自由活动	游戏"结网捕鱼"、踢毽子
	20	自由活动	游戏"队列练习"、足球(男)、健美操(女)
第十一周	21	自由活动	游戏"结网捕鱼"、踢毽子
	22	自由活动	游戏"队列练习"、足球(男)、健美操(女)
第十二周	23	自由活动	游戏"结网捕鱼"、踢毽子
	24	自由活动	游戏"队列练习"、足球(男)、健美操(女)

续表

周次	课次	对照组	干预组
第十三周	25	自由活动	健康教育讲座
	26	自由活动	游戏"打鸭子"、排球
第十四周	27	自由活动	游戏"双人跳绳接力"、丢沙包
	28	自由活动	游戏"打鸭子"、排球
第十五周	29	自由活动	游戏"双人跳绳接力"、丢沙包
	30	自由活动	游戏"打鸭子"、排球
第十六周	31	自由活动	游戏"双人跳绳接力"、丢沙包
	32	自由活动	游戏"打鸭子"、排球

附录 5　部分体育游戏说明

（1）"打鸭子"游戏

①方法：将学生分成人数相等的两个队。一队学生均匀地站在圆圈线外，由 1 名学生持排球、篮球或沙包准备掷击圈中的"鸭子"。第二队学生站在圆圈内。游戏开始，教师发令后，圈外的人相互传递球，捕捉时机，掷击"鸭子"。"鸭子"则迅速奔跑躲闪，以避开来球。如果"鸭子"被球击中，则离开圈内，圈外的人再打其他的"鸭子"，直到鸭子被打完为止。之后，第一与第二队互换角色，游戏继续进行。

②规则：掷击者必须站在圈外，不得踏、越线；只准掷击"鸭子"的头部以下。

（2）"篮球与乒乓球"游戏

①方法：学生围成圆圈（可根据学生人数进行分组围成多个圆圈）。游戏开始时，教师指定任何一个学生说："篮球！"同时两手做成乒乓球的样子。然后，按顺时针或逆时针方向第二个学生应接着说："乒乓球！"同时两手做成篮球的样子。依次交替进行，如果某人做错，必须表演一个节目。随后，做错的学生指定任何学生继续游戏。

②规则：说话和手势必须同时进行，前后两人之间的停顿时间不能过长，否则视为失败。

（3）队列游戏 1

①方法：游戏开始前，学生 1~4（或 1~2，1~3）报数后，每位学生记住自己的数字。游戏开始，全体学生围成圈按逆时针慢跑，当教师喊"2"时，所有的"2"数同学立即向前跑去，追赶前面一个"2"数的同伴，跑一圈后仍回原位。

②规则：追跑时一律在圈外 1~2 米范围内进行，不得在圆内跑或穿梭跑，不得跑向远方。手接触到前者的任何部位即捉到，但不得对同伴猛击。不追赶的学生，仍保持一定距离慢跑，不得干扰其他学生追赶。

（4）队列游戏 2

①方法：全体学生围成圆圈（可根据人数围成多个圆圈），按 1~2 报数后，按逆时针方向慢跑。当教师喊"1"时，所有"1"数停步原地站立，"2"数同

学绕"1"数向前做"S"蛇形跑;教师喊"停",则所有学生继续按逆时针方向慢跑;教师喊"2"时,则"2"数学生止步站立,"1"数学生绕"2"数向前做"S"蛇形跑。

②规则:跑动过程中保持间隔距离,不得变速或超越前者;教师喊到某数后,该数同学不得向前跑动,不得故意阻挡跑者;要求学生注意听信号,起动和止步都需要快,并保持间隔。

(5) 队列游戏3

①方法:学生按两路或四路纵队逆时针慢跑,教师喊"4"后,前后左右每四个同学自由组合成一组,多余的学生失败;教师喊"继续"后,学生继续按原队形慢跑,教师喊"5"后,前后左右每五个同学自由组合成一组,多余的学生失败;以此类推,也可分组进行,没有正确组合的学生出列,最后剩余学生多的组胜利。

②规则:学生保持距离行进。学生听到教师指令后再组合,不得提前组合。

(6) "双人跳绳接力"游戏

①方法:把学生分成人数相等的两组(可根据学生人数分成多组),成四路纵队(每组分成两路纵队)面对标志物站在预备线后,每组并排两人为一组,排头两人分别用外侧手握绳的两端站在起跑线后。游戏开始,第一组队员协调一致地向前做跳绳跑,绕过标志物跑回后,将绳交给下一组队员,其他人仍站在预备线后,跳完的同学迅速站到队尾,依次类推,先完成的一队为胜。

②规则:两个学生要做跳绳跑,注意配合,不许拿着绳跑;必须绕过标志物后返回。

(7) "解脱接力"游戏

①方法:把学生分成人数相等的两队(或三队、四队)。准备两(三或四)根跳绳,每根绳两端系到一起扎一个圆圈。每队各派一人甲站在绳子结成的圈内;余下的学生各成一路纵队站在对面制定位置。口令发出后,两排头乙跑对面队友处,将绳子从下向上取出,解救队友甲,当乙把绳子从甲头上取出后,甲立刻跑回队伍,与排首同学丙击掌后,跑回队尾处休息,丙去解救同学乙;乙同学将甲解救,把绳子放到地上后,自己站到绳子结成的圈内(同甲)。如此依次进行,先做完的队为胜。

②规则:无比赛口令或击掌信号,判无效;按规定顺序,动作规范。

参考文献

[1] Bandura A. Self-efficacy: the exercise of control [M]. New York: W. H. Freeman and Company, 1997.

[2] Beets M W, Vogel R, Forlaw L, et al. Social support and youth physical activity: the role of provider and type [J]. American Journal of Health Behavior, 2006, 30 (3): 278-289.

[3] Caimey J, Hay J A, Faught B E, et al. Generalized self-efficacy and performance on the 20-metre shuttle run in children [J]. American Jourmal of Human Biology, 2008, 20 (2): 132-138.

[4] Garber C E, Blissmer B, Deschenes M R, et al. Quantity and quality of exercise for developing and maintaining cardiorespiratory, musculoskeletal, and neuromotor fitness in apparently healthy adults: guidance for prescribing exercise [J]. Medcine & Science in Sports & Exercise, 2011, 43 (7): 1334-1359.

[5] Kimber C, Abercrombie E, Epping J N, et al. Elevating physical activity as a public health priority: creation of the national society of physical activity practitioners in public health [J]. Jounal of Physical Activity and Health, 2009, 6 (6): 677-681.

[6] Landis R S, Beal D J, Tesluk P E. A comparison of approaches to forming composite measures in structural equation models [J]. Organizational Research Methods, 2000, 3 (2): 186-207.

[7] Pei-an Liao, Hung-Hao Chang, Jiun-Hao Wang, et al. Physical fitness and academic performance: empirical evidence from the National Administrative Senior High School Student Data in Taiwan [J]. Health Education Research, 2013, 28 (3): 512-522.

[8] Pender N J, Murdaugh C L, Parsons M A. Health promotion in nursing practice [M]. 5th ed. Upper Saddle River, NJ: Prentice Hall, 2005: 56.

[9] Pommier J, Guével M R, Jourdan D. Evaluation of health promotion in schools: a realistic evaluation approach using mixed methods [J]. BMC Public Health, 2010, 10 (1): 43.

[10] Ruiz J R, Ortega F B, Castillo R, et al. Physical activity, fitness, weight status, and cognitive performance in adolescents [J]. The Journal of Pediatrics, 2010, 156 (6): 917-922.

[11] Ryan G J, Dzewaltowski D A. Comparing the relationships between different types of self-

efficacy and physical activity in youth [J]. Health Education & Behavior, 2002, 29 (4):491-504.

[12] Shin Y H, Yun S K, Pender N J, et al. Test of the health promotion model as a causal model of commitment to a plan for exercise among Korean adults with chronic disease [J]. Research in Nursing & Health, 2005, 28 (2): 117-125.

[13] Silva G, Andersen L B, Aires L, et al. Associaions between sports participation, levels of moderate to vigorous physical activity and cardiorespiratory fitness in children and adolescents [J]. Journal of Sports Sciences, 2013, 31 (12): 1395-1367.

[14] Wu Tsu-Yin, Pender N. A panel study of physical activity in taiwanese youth: testing the revised health-promotion model [M]. Family & Community Health, 2005, 28 (2): 113-124.

[15] Wu Tsu-Yin, Pender N. Determinants of physical activity among Taiwanese adolescents: an application of the health promotion model [J]. Research in Nursing & Health, 2002 (25): 25-36.

[16] 林莉, 孙仕舜, 董德龙. 学校体育对青少年体质健康促进的思考 [J]. 北京体育大学学报, 2011, 34 (8): 71-74.

[17] 孙菲. 中英两国护士体力活动与体力活动健康促进的相关研究 [D]. 上海: 第二军医大学, 2012: 51-55.

[18] 谭思洁, 王健, 郭玉兰. 青少年运动健康促进导论 [M]. 北京: 知识产权出版社, 2012: 7-9.

[19] 尹小俭, 曾祝平. 共同关注体质与心理健康 促进中国青少年全面发展 [J]. 中国学校卫生, 2021, 42 (1): 5-9.

[20] 邹志春, 庄洁, 陈佩杰. 国外青少年体质与健康促进研究动态 [J]. 中国运动医学杂志, 2010, 29 (4): 485-489.